LA PRINCESSE

ET

LE SOUS-OFFICIER,

Histoire Contemporaine,

PAR E. L. B. DE LAMOTHE-LANGON.

Insani sapiens nomen ferat, æquus iniqui,
Ultra quàm satis est, virtutes si petat ipsam.

HORACE, épitre VII, livre I.

Le sage cesserait d'être sage et le juste d'être juste, s'ils portaient trop loin même l'amour de la vertu.

TOME PREMIER.

PARIS,

LACHAPELLE, éditeur, rue Saint-Jacques, n. 75;
LECOINTE et POUGIN, quai des Augustins;
CORBET, quai des Augustins, n. 61;
PIGOREAU, place Saint-Germain-l'Auxerrois;
Mme veuve BECHET, quai des Augustins;
TENON, rue Hautefeuille, n. 30;
LEVAVASSEUR, Palais-Royal.

1831.

LA PRINCESSE

ET

LE SOUS-OFFICIER.

Pour paraître le 5 décembre.

LES CHEVALIERS
D'INDUSTRIE,

ROMAN DE MOEURS, PAR EUGÈNE SAINVILLE.

4 vol. in-12. Prix : 12 fr.

SOUS PRESSE.

LE MANTEAU VERT,

PAR LE BARON DE BILDERBECK,

Auteur de Pauline et Fanchette, du Petit Bossu, de la Cour prévôtale.

4 vol. in-2. Prix : 12 fr.

Les exemplaires non revêtus de ma signature seront réputés contrefaits, et je poursuivrai les détaillans devant les tribunaux.

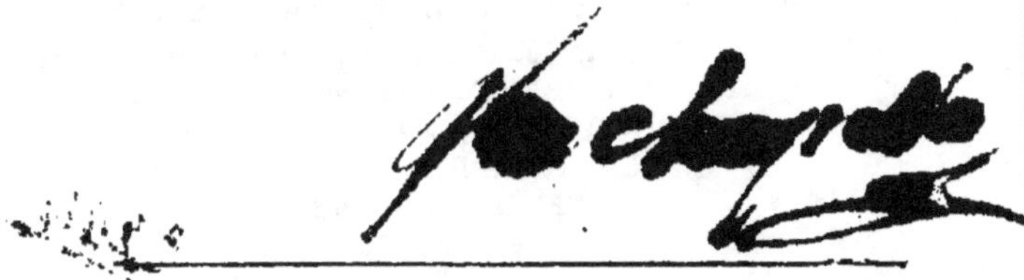

IMPR[r] DE BELLEMAIN, RUE SAINT-DENIS, N. 268.

LA PRINCESSE

ET

LE SOUS-OFFICIER,

Histoire Contemporaine,

PAR E. L. B. DE LAMOTHE-LANGON.

Insani sapiens nomen ferat, æquus iniqui,
Ultra quàm satis est, virtutes si petat ipsam.

HORACE, épitre VII, livre I.

Le sage cesserait d'être sage et le juste d'être juste
s'ils portaient trop loin même l'amour de la vertu.

TOME PREMIER.

PARIS,

LACHAPELLE, éditeur, rue Saint-Jacques, n. 75;
LECOINTE et POUGIN, quai des Augustins;
CORBET, quai des Augustins, n. 61;
PIGOREAU, place Saint-Germain-l'Auxerrois;
Mme veuve BECHET, quai des Augustins;
TENON, rue Hautefeuille, n. 30;
LEVAVASSEUR, Palais-Royal.

1831.

LA PRINCESSE

ET

LE SOUS-OFFICIER.

CHAPITRE PREMIER.

Le Prisonnier.

Ille terrarum mihi præter omnes
angulus ridet.

HORACE, liv. II, ode 4.

Ce petit coin de terre m'est plus agréable qu'aucun autre lieu du monde.

« Le jour finit, ma bonne mère, et Paul ne revient pas; il nous avait pourtant bien promis de demeurer peu de temps à Toulouse. Il est parti depuis dimanche dernier et nous sommes à vendredi. Comme le temps passe ! et pourtant qu'il est pénible et paraît lent quand on a du chagrin !

» — Tu devrais me donner du courage, ma chère Olympe, et te voilà plus faible que moi. Oui, nous avons du chagrin ; la position de la France est si affreuse ! Mais Dieu viendra à son secours. L'empereur et le maréchal Soult battront les ennemis ; notre salut naîtra de l'un et de l'autre.

» — Ces ennemis ont dépassé les frontières ; Napoléon les combat dans les plaines de la Champagne, et le maréchal se retire sur Toulouse. Qui nous aurait dit, naguère encore, que nous entendrions du haut de la montagne Noire le son des canons anglais?»

Il y eut un instant de silence. Madame Meuron soupira profondément et une larme sillonna la joue de mademoiselle Olympe de Marsal. Celle-ci reprenant la parole :

« Je doute que Paul revienne ; il voudra aider de tous ses moyens la résistance qui se prépare.

» — Mais, ma belle enfant, la commune a besoin de lui ; il commande la garde nationale du canton de Revel ; il sait tout ce qu'il doit à la confiance de ses concitoyens.

» — Savez-vous que nous devons avoir de l'orgueil de ce choix honorable ! Paul n'est qu'un sous-officier et on l'a préféré à des militaires d'un plus haut grade... Il aime tant sa patrie!.. Chacun connaît si bien cet amour !.. D'ailleurs, décoré de l'étoile de la légion-d'honneur... il serait aujourd'hui colonel et peut-être même général de brigade ; mais cette maudite blessure... Hélas ! faut-il s'en plaindre, elle nous l'a conservé.

» — Voilà, dit en riant madame

Meuron, un frère de lait tendrement aimé. »

Olympe rougit et pencha sa tête sur le métier de broderie placé devant elle, puis la relevant avec une sorte d'assurance, et regardant fixément celle qui lui parlait :

« Et pourquoi n'aimerai-je pas aussi le meilleur, le plus vertueux des hommes? Que manque-t-il à Paul? il adore ses parens et son pays ; il est chéri de tous ceux qui le connaissent ; il est bon, indulgent, courageux ; il sait beaucoup, et puis a-t-il pour moi de l'indifférence? ne mérite-t-il pas amitié pour amitié? n'est-il pas votre fils? n'êtes-vous plus ma seconde mère, ou, pour mieux dire, ma mère unique, puisque je n'ai jamais connu mes parens? »

Une nouvelle larme brilla dans les yeux de la jeune fille; madame Meuron prit la main qui lui fut tendue, la pressa sur son cœur.

« Chère enfant, dit-elle, je suis heureuse du titre que tu me donnes; oui, je suis ta mère, et celle à qui tu dois le jour n'aurait pu avoir pour toi plus d'amour que je t'en porte. Mais à combien de hautes infortunes dois-je ce bonheur! N'est-tu pas dans une bien chétive position, si tu la compare à celle dont tu aurais joui sans la révolution? Tu avais un an en 1793, lorsque ton père, ta mère et ses deux aïeuls maternels, tes deux frères et tous tes parens abandonnèrent la France : c'était peu de temps après la mort de Louis XVI, et peut-être à pareil jour qu'aujourd'hui ils te confièrent à mes soins, et depuis lors à peine s'il nous est venu cinq ou six fois des nouvelles de ta noble famille.

» — Oh! que leur importait une fille? Avec une fille on ne perpétue pas un grand nom.

» — Tu as perdu ceux qui t'ont mis au monde. Un de tes frères est mort pareillement. Tes grand-père et grand'mère, le marquis et la marquise de Puylaurens, vivent encore ; où sont-ils maintenant ?

» — Où étaient-ils lorsque nous avons reçu leur dernière lettre, il y a quatre ans, ce me semble ?

» — En Angleterre, si je m'en souviens bien.

» — Je leur désire de longs jours ; je voudrais les revoir, ainsi que Donatien, mon frère : celui-là se rappellera-t-il de moi ?

» — Tu as tout perdu à la révolution. Ta famille est si illustre ! le titre de prince et de princesse appartient à tous ses membres ; tu devais le posséder aussi.

» — Et je m'en passe sans trop de peine, je vous assure; et si, le possédant aujourd'hui, il me fallait le céder pour hâter le retour de Paul, l'affaire serait bientôt conclue. Laissons ces idées brillantes d'un rang que je ne possède plus; tout me prouve qu'il n'est pas nécessaire au bonheur. D'ailleurs je suis riche, très riche, grâces aux soins de votre mari, de cet excellent M. Meuron.

» — Il a fait son devoir. Intendant de ton père, chargé de ses intérêts, possédant sa confiance, il dut pour sauver ses biens en acquérir la majeure partie, moins les superbes forêts confisquées par le gouvernement; il te les a rendus à ta majorité par un acte légal : tu y joins la fortune considérable de madame de Roumens, ta tante paternelle; aussi es-tu le plus riche parti du Languedoc, et néanmoins, au lieu d'aller vivre à Toulouse au milieu des plaisirs et dans la compagnie de la noblesse, tu préfères habiter ton vieux château de Montclair.

» — Où serais-je mieux, je vous le demande? où l'air est-il plus pur, le paysage plus ravissant, la société plus douce et plus intime? Tout ici me plaît et m'attache. Les objets que je vois ont frappé mes yeux dès mon berceau. Qu'ai-je besoin d'un monde où je serais étrangère, où l'on chercherait à surprendre mon cœur pour arriver à la possession de ma richesse? Je trouve ici dans vous, dans votre mari, dans Paul, dans Julitte, vos enfans, tout ce qui remplace des distractions bruyantes. N'ai-je pas encore M. Dumart, ce bon curé qui m'a donné dès mon bas âge des leçons dont peut-être je n'ai pas assez profité? Ces personnes ne composent-elles point une société choisie, sans compter M. et madame Delmas, dont je ne parle point, ainsi que Lambert, leur digne fils (ceci fut dit avec une sorte de malice). Vous voyez bien qu'on n'a pas besoin d'aller à Toulouse; et puis mes pauvres amis du village, les enfans de l'école, que je dirige d'après les conseils du curé; mes beaux pigeons, mes fleurs si fraîches, ma broderie. Ah! ma mère! où peut-on être mieux qu'à Montclair? »

Cette conversation fut interrompue par l'arrivée de M. Delmas : c'était un homme d'environ cinquante ans, à la taille courte et chargée d'embonpoint, à la figure presqu'enluminée et toujours joyeuse, même sans sujet. Le rire ne quittait guère ses lèvres, et pourtant il y avait dans ses yeux quelque chose d'opposé à la franchise de ses manières. Il disait aimer tous ses voisins, et ceux-ci ne tenaient pas lemême langage; ils se rappelaient qu'avant la révolution il était pauvre et alors très humble; que devenu jacobin farouche, il avait acquis des biens du clergé et d'émigrés en prêchant l'égalité et toutes les vertus républicaines; il devint à la fois riche et redoutable aux honnêtes gens du pays. Le premier consul s'empara du pouvoir; M. Delmas se fit bonapartiste. Il intrigua si bien, qu'après la création de la noblesse impériale il fut nommé baron. Dès ce moment il parut réservé et superbe envers ses égaux, non pour cela qu'il perdit une partie de sa jovialité ordinaire, mais parce qu'il la dirigéa de manière à lui donner de la supériorité, du moins en apparence, sur ceux avec lesquels il daignait être gracieux.

Sa femme, maigre et sèche créature, avare et médisante, aurait bien voulu que sa position nouvelle la fît marcher de pair avec la noblesse des environs; mais celle-ci qui, dans le Languedoc principalement, garde son rang avec une raideur extrême, repoussa cette famille parvenue. Mademoiselle de Marsal, très indifférente aux lois de l'étiquette, recevait avec bonté la baronne Delmas, qui dans ses rêves secrets, souhaitait ardemment le mariage de son fils Lambert avec cette auguste héritière ; mais à qui aurait-elle osé faire part de ce projet? à personne dans le pays. C'était sa chimère favorite qu'elle caressait sans relâche et dont son fils était le seul confident.

« Je vous présente, Mesdames, mes hommages respectueux, dit M. Delmas en paraissant; eh bien! qu'est-ce, vous êtes ici tristes? Allons, allons, de la gaîté ; la journée est belle et la récolte se présente au mieux.

» — Et les ennemis s'avancent, répondit Olympe, et ces moissons seront peut-être ravagées par eux.

» — Oh! de par tous les diables! (pardon, Mesdames) cela ne sera pas; le maréchal Soult est là avec des gaillards très capables de les battre. Il faut, d'ailleurs, que tout le monde dans le pays prenne les armes. Je serais déjà parti si la goutte ne me menaçait point, et j'aurais envoyé mon fils à l'armée si je n'avais eu trop besoin de lui. Mais qu'importe! faute de deux moines le couvent ne périra pas. Il convient de donner l'exemple, aussi je présume que Paul conduira bientôt à Toulouse notre jeunesse.

» — Nos infirmes, M. Delmas,

dit madame Meuron, car tous les hommes valides sont sous le drapeau.

» — Ah ! ah ! Madame, pas de propos séditieux, je ne pourrais les entendre ; conviennent-ils dans la bouche de l'épouse du maire de Montclair ? »

Et un long éclat de rire accompagna cette plaisanterie demi-sérieuse.

« Vous parlez bien à votre aise, M. le baron, répliqua Olympe, en appuyant avec malice sur le titre, d'envoyer ainsi Paul et nos amis où ils n'ont que trop d'envie de se rendre. Je présume que le chevalier Lambert marchera le premier.

» — La faiblesse de ses yeux s'oppose à l'élan de son héroïsme : il en est désolé ; mais il restera pour vous défendre. Paul n'est donc point encore revenu ?

» — Non, Monsieur, dit madame Meuron.

» — Et votre mari est-il à Castelnaudary ?

» — Oui, il est parti de bonne heure et ne tardera pas à rentrer.

» — Je venais le prévenir, en sa qualité de maire et en ma qualité d'adjoint, que l'on est à la poursuite d'un jeune homme conscrit réfractaire sans doute, qui a couché avant-hier à Saint Félix, hier à la Pomarede, qui s'informait de toutes les bonnes maisons du pays, des familles nobles et titrées, de l'opinion publique, et qui même a répandu des proclamations, des appels à la révolte; on le croit agent de Pitt et de Cobourg.

» — Oh ! baron, s'écria Olympe, est-ce que ces messieurs continuent à faire de la politique du fond du cercueil où ils reposent?

» — Je me suis trompé, Mademoiselle.

» — Oui, un reste de sa vieille habitude.

» — C'était de Liverpool et de

Metternich que je voulais dire ; mais quoiqu'il en soit, mon dévoûment à l'empereur ne me permettra pas de demeurer les bras croisés. Dans cette circonstance, j'ai mis tout le village aux trousses de cet émissaire anglais, et certes si j'ai le bonheur de le prendre sur ma commune, je l'expédierai en bonne forme au maréchal ; nous sommes dans un moment où il faut faire montre de fidélité à sa majesté impériale et royale.

» — Et vous feriez votre campagne militaire, M. le baron, dit Olympe, en traquant un espion ; cela vous vaudra quelque belle récompense.

» — La croix d'honneur, peut-être ?

» — Ah ! Monsieur, répliqua mademoiselle de Marsal, l'empereur ne la donne pas ainsi. »

Un paysan parut ; il annonça que l'homme venait d'être arrêté dans le bois qui montait vers le bassin de Saint-Ferréol ; il ajouta qu'il s'était défendu avec vaillance au moyen d'une canne ferrée qu'il portait, et qu'on ne doutait pas que ce ne fût un personnage distingué, car il ne parlait pas la langue du pays, et que, quoique vêtu avec simplicité, il avait toute la mine d'un ancien noble.

« Il est donc âgé ? demanda madame Meuron.

» — C'est un beau brin de jeune homme, répondit le paysan ; il a vingt-cinq ou vingt-huit ans, peut-être ; au demeurant, Madame, vous le verrez bientôt, car on l'amène ici.

» — Et pourquoi pas chez moi, s'il vous plaît ? s'écria le baron Delmas avec mauvaise humeur, ne suis-je pas l'adjoint de la commune ?

» — Dam, Monsieur, dit le paysan, la mairie est au château et nous conduisons le prisonnier chez le maire.

» — Vous êtes libre de l'interroger, Monsieur, ajouta madame Meuron, mon mari n'étant pas à son poste.

» — Soit, reprit le baron, j'aurai fait bientôt son affaire, et le colloque terminé, le procès-verbal clos, je conduirai à Toulouse, moi-même dans ma calèche, un homme qui me paraît très dangereux. »

Le tumulte produit par l'approche d'une foule de personnes marchant vîte et parlant haut, attira l'attention de la compagnie. On regarda par une des fenêtres du salon, et l'on vit au milieu d'un groupe de paysans s'avancer un individu de haute taille, au regard sombre et fier, à la figure jeune et gracieuse, et qui paraissait supporter avec indignation les injures qu'on lui prodiguait en le qualifiant de traître et d'espion de l'Angleterre. Il ne répondait pas, mais qu'il y avait de colère et d'éloquence dans son silence dédaigneux!

Olympe ne put le voir sans pitié, et la peine qu'elle éprouvait, peut-être le mépris que lui inspirait le rôle que ce personnage paraissait jouer, la portèrent à quitter la place et à se retirer dans une autre pièce de l'appartement. Comme elle sortait par une porte le cortége entrait par l'autre. L'inconnu alors s'adressant à madame Meuron, qu'il vit d'abord, demanda s'il pourrait parler au maire. Elle allait lui répondre lorsque l'ancien jacobin, devenu chaud impérialiste, ne lui en laissant pas le temps, se mit à dire :

« Le maire est hors de la commune; c'est moi qui le remplace, moi, baron Delmas, premier adjoint de la municipalité de Montclair.

» — Puisque c'est vous, Monsieur, qui possédez l'autorité en l'absence de votre supérieur, je vous prie de faire cesser l'injuste arrestation dont je suis l'objet et de me rendre à la liberté...

» — Oh! oh! jeune homme!

comme vous débitez avec assurance ce chapelet! De par tous les diables! on ne va si vîte en besogne par le temps qui court et avec des compères de votre sorte; avant que de vous relâcher vous me permettrez quelques questions qu'il faut que je vous adresse et auxquelles vous me ferez l'honneur de répondre. Jantet, mon ami, poursuivit M. Delmas en se tournant vers un paysan placé auprès de lui, va chez moi chercher mon écharpe. Eh non! prêtez-moi, madame Meuron, celle du maire, mon supérieur. »

Et il insista sur ces derniers mots pareils à ceux prononcés par l'inconnu. Celui-ci se tut. Il promena autour de lui un regard calme : on aurait dit qu'il cherchait à reconnaître les lieux. Pendant ce temps madame Meuron avait été elle-même quérir le signe distinctif de l'autorité municipale, et l'adjoint s'étant retiré dans l'embrâsure d'une croisée, se disait à lui-même en se frottant les mains :

« Ou je me trompe beaucoup, ou ce gaillard si résolu voyage pour cause politique. Je suis trop heureux que Meuron ne soit pas ici ; je signerai le procès-verbal et j'en aurai toute la gloire. »

La foule qui composait l'auditoire se taisait en grande impatience d'entendre parler le prisonnier. On l'environnait de manière à lui rendre la fuite impossible : il ne paraissait pas tenté de la prendre. Il fit néanmoins un mouvement qui intrigua l'assemblée ; ce fut pour s'approcher d'un fauteuil dans lequel il se jeta sans façon.

CHAPITRE II.

L'interrogatoire.

Vultus loquitur quodcunque tegis.
SÉNÈQUE, *Hercule au Mont OEta*, acte II, chœur.

La figure décèle ce que nous cherchons à cacher.

« Il aime à prendre ses aises, murmura l'adjoint très surpris que la révélation de son titre n'eût pas stupéfié l'inconnu ; je crains qu'il ne les aie pas toutes à la suite de la conversation que nous allons avoir ensemble ; je le serrerai de près, et si je ne puis savoir son secret, il y a des gens habiles à Toulouse qui l'obligeront bien à le leur confier. »

Un domestique du château apporta l'écharpe attendue ; madame Meuron revint après lui ; l'inconnu se leva, la salua avec une grâce parfaite, et ne se rassit point.

« C'est un noble, dit encore le baron à voix basse, il conserve la politesse d'autrefois. Émigré rentré, selon toute apparence, et attaché à la police de Wellington ; tout ceci se présente mal pour lui, et il ne fait aucun cas d'un baron de l'empire ; il me connaît, je le connaîtrai à son tour. »

Pendant ce monologue intérieur l'écharpe avait été mise, le baron Delmas se plaça dans une des bergères qui touchaient à la cheminée, fit poser une table entre lui, le prisonnier et l'auditoire, et asseoir là le greffier de la commune, survenu à propos pour instrumenter. Chacun alors garda un plus profond silence ; l'adjoint se recueillit un moment, puis prenant la parole et s'adressant au prisonnier :

« Votre nom ?

» — Louis Roger.

» — Votre âge ?

» — Vingt-cinq ans.

» — Le lieu de votre naissance?

» — Paris.

» — Votre profession?

» — Peintre.

» — Où sont vos papiers?

» — Les voici.

» — Un passeport délivré par la préfecture de police de la Seine. Oui, c'est bien cela; il y est dit que Louis Roger, peintre de paysage, et dont le signalement est conforme au vôtre, se rend à Montpellier; vous êtes à peu près sur la route, c'est très en règle... le passeport j'entends; car pour le reste....

» — Qu'y manque-t-il, Monsieur, dit l'inconnu ?

» — Oh ! rien, presque rien, si ce n'est que vous n'êtes pas Louis Roger, le peintre. »

L'inconnu tressaillit involontairement, ce ne fut qu'un éclair ; il se remit tout de suite, et demanda d'une voix ferme la cause du doute qu'on énonçait.

« Elle est bien simple, répliqua le magistrat rural avec son sourire accoutumé, c'est que le passeport désigne le domicile dudit Louis Roger à Paris, rue de l'Échelle, n° 4 ; que c'est dans cette maison où je logeais encore il y a six mois, à mon dernier voyage dans la capitale. »

Il s'arrêta et regarda avec malignité l'inconnu. Celui-ci alors dit, non sans quelqu'émotion cependant contenue :

« Eh bien, Monsieur !

» — Eh bien ! jeune homme, j'ai eu la douleur d'accompagner au cimetière Montmartre une mère inconsolable qui voulut suivre le cercueil de son fils, et ce fils était peintre et s'appelait Louis Roger. »

L'inconnu, préparé à cette réponse fâcheuse, réprima un mouvement de dépit qui allait lui échapper ; il se contenta de dire :

« Vous devez vous tromper, Monsieur, car je suis Louis Roger, point mort encore, je vous le certifie.

» — Non, vous ne l'êtes pas, je vous le répète. M'avez-vous vu chez vos parens ?

» — Jamais.

» — Veuillez me décrire l'aspect de la maison qu'ils habitaient, me désigner à quel étage était leur appartement, le nombre de pièces qui le composaient, et les divers ameublemens. »

L'inconnu se tut sans chercher cette fois à déguiser la rougeur subite qui couvrit son front; un murmure défavorable s'éleva autour de lui. Madame Meuron, émue douloureusement, baissa la tête, tandis que le baron Delmas promenait sur l'auditoire un regard de triomphe et de parfaite admiration de soi-même, il dit ensuite :

« Monsieur, vous comprenez que votre déguisement ne peut plus vous être utile ; je vous conseille d'améliorer cette affaire très fâcheuse par des aveux....

» — Je demande, dit l'inconnu, à parler à mademoiselle Olympe de Marsal ».

Jamais toute autre réponse n'aurait causé la surprise que celle-là jeta parmi ceux qui l'entendirent;

les paysans en furent confondus. Madame Meuron se leva vivement de son siége, et sans parler interrogea le jeune homme d'un coup-d'œil inquiet; et quant au baron de l'empire, il doutait s'il était ou non en proie à un songe bizarre; et lui aussi se tut d'abord, mais ne tardant pas à revenir à la situation présente, et par mille raisons ne se souciant pas d'accueillir la prétention du faux Louis Roger:

« Et qu'a de commun, dit-il, une demoiselle respectable et élevée dans la retraite la plus absolue, avec un homme que tout porte à croire être un ennemi du gouvernement? Non, mon ami, vous ne parlerez pas à cette personne si méritante ; mais demain, et tout à votre aise, vous causerez avec le procureur général impérial de Toulouse, car je vais sur-le-champ vous y conduire moi-même ; la capture est bonne, et certes, on m'en remerciera..... Vous connaissez donc mademoiselle de Marsal ?

» — Je ne l'ai jamais vue.

» — Et alors, pourquoi?...

» — Ne puis-je la voir un moment en particulier?

» — Oh de par tous les diables ! ceci est pis que de l'audace ; un drôle ose-t il....

» — Monsieur, s'écria l'inconnu

en s'élançant vers le magistrat épouvanté de ce geste brusque, faites-moi fusiller, et ne m'insultez pas. »

L'auditoire à ce mouvement s'approcha du prisonnier et l'écarta de la table qu'il touchait presque. Madame Meuron, de plus en plus étonnée, cherchait à deviner ce que pouvait vouloir à sa fille adoptive un jeune homme si élégant de formes et de manières, et dont la figure charmante exprimait tant de noblesse et de vivacité ; elle eut un instant la pensée que c'était peut-être le frère d'Olympe, et tout de suite elle s'y attacha comme si elle eût rencontré la vérité.

« Monsieur, dit-elle, je crains qu'on ne s'oppose à ce que vous arriviez jusqu'à mademoiselle de Marsal; mais si vous avez quelque chose à lui dire, je m'en chargerais volontiers; je suis sa nourrice, je l'aime comme ma fille : on m'a peut-être nommée à vous, je m'appelle Meuron, vous suis-je aussi connue?

» — Non, Madame.

» — Puis-je faire votre commission?

» — Cela est impossible, je ne puis confier qu'à mademoiselle de Marsal ce que j'ai à lui dire de la part d'une personne à qui elle est bien chère. »

Ce dernier propos confirma madame Meuron dans sa conjecture, surprise pourtant que le prince Donatien de Marsal ne la connût pas. N'importe, elle forma le projet de lui être utile, et surtout d'empêcher que M. Delmas ne l'emmenât sur-le-champ à Toulouse, ainsi qu'il paraissait en avoir le projet. Celui-ci, tandis qu'elle faisait ces réflexions, écrivait à la gendarmerie de la ville de Revel, toute proche de la commune de Montclair, pour requérir une escorte, lorsque madame Meuron s'approchant de lui :

« M. le baron, dit-elle à voix basse, ce que ce jeune homme

vient de dire m'intrigue beaucoup.

» — Et moi aussi, Madame.

» — Ne serait-il pas convenable de lui laisser le temps de s'expliquer?

» — Pourquoi cela? qu'il parle ici ou à Toulouse, qu'importe! Nous sommes dans une époque critique; les Anglais travaillent à soulever le midi de la France; nous avons là un de leurs agens, il convient d'agir avec célérité; le moindre retard peut compromettre la chose publique. Il fera des révélations rendu à Toulouse, et je vais l'y mener sans retard.

» — Mais il a prononcé le nom de ma fille.

» — Paroles en l'air! Cet intrigant sait son nom, il veut s'en servir pour gagner quelques heures, un jour peut-être, puis tromper ma vigilance et se sauver : il n'en sera rien. Sujet soumis et dévoué de notre auguste monarque, je ne me laisserai pas surprendre par l'un de ses ennemis.

» — Mais cependant, M. Delmas, si je vous en priais, si je vous engageais à attendre le retour de mon mari, vous ne me refuseriez point, sans doute?

» — Pourquoi attendre? j'ai mes devoirs à remplir; la célérité convient à la circonstance. Cet homme est un fourbe, je l'ai convaincu de mensonge assez adroitement.

» — C'est un hasard bien singulier que celui qui vous a conduit dans la maison où logeait, avant de mourir, le jeune peintre... »

L'hilarité habituelle de M. Delmas redoubla à ces dernières paroles ; il prit madame Meuron par le bras et l'amenant vers un angle de la salle :

« Et vous aussi, dit-il, avez été ma dupe ; je n'ai jamais logé à Paris dans la rue de l'Échelle. J'ai rusé avec ce drôle ; j'ai feint une connaissance des localités que je n'avais pas, et tué un gaillard qui se porte bien peut-être, si tant est qu'il ait jamais existé. Voilà, Madame, comment un homme habile fait la police d'une commune ; voilà ce qui, je l'espère, me méritera les éloges du maréchal Soult, que je suis déterminé à aller trouver en quelque lieu du midi qu'il se trouve, s'il n'est pas obligé d'achever sa retraite sur Toulouse. Mais les heures s'écoulent, j'ai dix fortes lieues à faire, les chemins sont abimés ; il sera tard demain quand j'entrerai à Toulouse, quoique je parte aujourd'hui avant le coucher du soleil. »

Madame Meuron renouvela ses

instances pour que le voyage annoncé fût retardé. M. Delmas ne se rendait pas, et rempli d'impatience et répétant sa phrase favorite de sujet soumis et fidèle de sa majesté impériale et royale, il s'éloignait, emmenant avec lui le prisonnier qui était rentré dans son silence dédaigneux, lorsque la porte du salon fut ouverte avec vivacité, et un jeune homme d'une taille ordinaire, à la figure douce, pâle et mélancolique, aux yeux noirs et aux cheveux bouclés naturellement, parut aussitôt; il courut vers madame Meuron sans paraître s'apercevoir de la foule présente, et dit avec effusion :

« Bonjour, ma mère, votre santé est-elle bonne? et Olympe, où se cache-t-elle? mon père où est-il? »

A la suite de ces questions rapides, et tandis que madame Meuron y répondait, il fit attention à la personne de l'adjoint en costume, aux paysans, qui à sa vue se rapprochèrent de lui particulièrement, et à l'étranger retenu parmi eux. Tout ceci le frappa d'étonnement; il répliqua avec plaisir aux félicitations de la foule par un mot de politesse, au compliment hautain du baron de fraîche date, et puis s'adressant au prisonnier:

« Ah ! vous voilà, Monsieur ! et que faites-vous ici en cette nombreuse compagnie?...

» — J'y suis venu par force, répliqua l'inconnu avec une expression sèche et mécontente. Arrêté malgré des papiers très en règle..»

Il hésita.

Paul dit :

« J'en suis fâché. »

Et la conversation entr'eux se termina là.

« Vous avez donc vu Monsieur ailleurs qu'ici? demanda madame Meuron.

» — Oui, à Toulouse, à l'hôtel de France, où nous avons mangé quelquefois ensemble, répartit Paul.

» — Et Monsieur, dit le baron Delmas, s'est nommé à vous?

» — Il n'a pas jugé à propos de le faire.

» — Vous avez causé tous les deux ?

» — Oui.

» — A-t-il manifesté ses opinions ? »

Paul hésita.... se tut, et puis s'adressant à sa mère :

« Mon père tardera-t-il à revenir ? »

Le baron croyant n'avoir pas été entendu, renouvela sa question ; Paul alors lui dit :

» En peinture, en architecture et en tout, les miennes diffèrent de celles de Monsieur.

» — Mon cher Paul, reprit l'interlocuteur, avez-vous des commissions à me donner pour Toulouse

» — J'arrive et n'ai besoin de rien. Vous y allez donc?

» — Je pars tout-à-l'heure; il faut que je conduise directement ce Monsieur au maréchal.

» — Ah!.... La chose est-elle donc aussi grave? répliqua Paul Meuron avec regret.

» — Comment, grave! répéta le baron; un homme parcourt la contrée, s'informe de l'esprit public, fait des questions sur tout le monde, fait circuler des proclamations incendiaires, cherche à ébranler la fidélité due au souverain, prend un faux nom, se sert de faux papiers, tout cela vous semble-t-il une plaisanterie?

» — Non, dit Paul avec encore plus de gravité ; mais je pense que mon père verra ce qu'il faut faire, car vous l'attendrez, je pense?

» — Je n'en ferai rien, riposta le baron, je suis premier adjoint, la police est dans mes attributions, et je ne m'en départirai pas.

» — Gardez-la tout entière, reprit le jeune Meuron avec une sorte d'ironie ; mais le cas actuel demande plus de solennité. Un individu soupçonné de mauvaises intentions est arrêté dans cette commune; mon père, premier magistrat, est absent pour quelques heures, il faut qu'on attende son retour; cela convient, cela doit être. »

Le baron Delmas, complétement alors de mauvaise humeur, et prévoyant ce qui arriverait, se mit à dire :

« Je sais, M. Paul, je sais que votre père est le premier magistrat de Montclair, et cela au détriment des personnes titrées de l'endroit, et vous n'avez pas besoin de me le rappeler ; mais je sais aussi que des égards me sont dus.

» — Vous ai-je manqué? répliqua Paul avec une franchise impétueuse ; dans ce cas je vous en demande pardon. Est-ce l'avoir fait, que de réclamer pour mon père le droit de parler à Monsieur ?

» — Il y a là quelqu'un, dit le baron Delmas en accompagnant ses paroles d'un gros rire dont la malignité cachée se réfléchissait dans ses yeux, il y a ici quelqu'un, répéta-t-il, que ce Monsieur préférait entretenir tête-à-tête.

» — Qui? demanda Paul.

» — Qui? non pas madame votre mère, mais bien mademoiselle de Marsal.

» — Vous vous amusez, M. Delmas.

» — Je rappelle un fait. Monsieur a souhaité avoir une conversation particulière avec mademoiselle Olympe; j'ai cru devoir m'y opposer. »

Paul ne dit rien, il parut réfléchir; ses yeux cependant se portèrent avec une vivacité extrême sur ceux de l'inconnu, qui, en ce moment, relevait son front avec une hauteur toute féodale. Les deux jeunes gens s'examinèrent ainsi pendant l'espace de quelques secondes, puis Paul Meuron s'approchant du prisonnier.

« Monsieur, dit-il, je suis persuadé que mon père vous accordera ce que monsieur l'adjoint, étranger à notre famille, n'a point pris sur lui d'autoriser, et ce que la prudence de ma mère aura refusé peut-être ; mademoiselle de Marsal est majeure depuis quelques mois, et parfaitement maîtresse d'elle-même et de ses volontés, et si vous voulez avoir des rapports avec elle, ce ne sera pas à nous de la détourner de vous ouïr si elle désire le faire. D'après cela, monsieur Delmas, vous devez comprendre plus que jamais combien le départ de Monsieur est impossible avant demain ; il restera prisonnier ici, enfermé s'il le veut, et libre s'il engage sa parole: il peut choisir.

CHAPITRE III.

La curiosité.

> Epier pour apprendre est le meilleur moyen
> Qui n'écoute pas ne sait rien.
>
> *Fabliaux.*

Monsieur l'adjoint de la commune de Montclair écouta avec impatience et avec une mauvaise humeur poussée au plus haut point, la décision impérieuse du sous-officier Paul Meuron ; il lui paraissait dur de s'y soumettre, et la vanité de son caractère, déguisée sous des formes joviales, en fut singulièrement choquée; elle lui inspira même la pensée de s'y opposer, mais il ne la conserva pas longtemps. M. Delmas, comme tous ceux qui vont par des routes obliques, sentait la force qu'inspire une conduite franche et droite; il connaissait l'ascendant positif du jeune militaire sur tous ses concitoyens, et il voyait aussi qu'en cas de résistance, lui ne serait pas appuyé, bien que sa qualité de fonctionnaire renforçât ici son titre, encore nouveau, de baron de l'empire. La nuit d'ailleurs approchait, et le maire, son supérieur, ne devait pas tarder à revenir de Castelnaudary, où, selon l'usage de tout le pays, il allait au marché chaque semaine de l'année.

Persister à partir pour Toulouse en ce moment aurait trop fait connaître le motif secret du voyage. Le baron impérial céda donc de mauvaise grâce sans doute, et avec une solennité analogue à la circonstance.

« M. le chevalier Meuron, dit-il (et le titre donné à Paul, en vertu de sa décoration, annonçait son désapointement), vos prières sont des ordres auxquels j'obtempère, dans le but de vous prouver combien je désire vous être agréable. Vous voulez que ce prisonnier demeure ici jusqu'à demain; soit, je le veux aussi; mais je me décharge sur vous de sa garde : s'il disparaît, on vous en demandera compte, et à votre père aussi. »

Après ces derniers mots, M. Delmas quittant son écharpe, salua madame Meuron et s'éloigna, ramenant sur son visage obscurci l'éternel sourire qui en avait disparu un instant. La foule des paysans s'en fut avec lui; il n'en resta plus que deux avec le garde champêtre, auxquels le prisonnier était particulièrement confié. Paul alors s'adressant à celui-ci :

« Monsieur, dit-il, vous m'avez entendu; c'est à vous à décider de quelle manière on doit ici agir envers vous.

» — Je préférerais, pour me maintenir dans la position favorable de l'illégalité de mon arrestation, que la force veillât sur ma personne, répliqua l'inconnu, si j'avais réellement les projets hostiles qu'on me suppose; mais, comme un motif particulier me conduisait dans ce pays, je ne vois point pourquoi je n'accepterais pas votre offre bienveillante. Recevez donc, Monsieur, la parole d'honneur que vous exigez : je ne ferai aucune tentative pour m'échapper. »

Paul aussitôt fit un signe au

garde champêtre et à ses deux compagnons : tous les trois se retirèrent ; il ne resta plus dans la salle que madame Meuron, son fils et l'inconnu. Le sous-officier alors s'adressant à sa mère, la pria de lui donner les clefs d'une chambre du château, et les ayant reçues, il s'y dirigea accompagné de son hôte, et l'y ayant installé en lui donnant un domestique pour l'y servir, il le quitta précipitamment sans lui avoir rien dit d'affectueux et sans en avoir été mieux traité.

Il trouva, en entrant dans le salon, sa mère, Julitte, sa sœur, et mademoiselle de Marsal, à qui madame Meuron racontait déjà ce qui venait de se passer, et quoiqu'elle cachât la conjecture importante qu'elle avait imaginée sur le compte de l'inconnu, il y eut joie extrême, tendresse non moins vive dans la manière avec laquelle Olympe reçut le sous-officier. Celui-ci, digne de cette amitié si douce, en témoigna sa satisfaction, et tous les deux, lui et Olympe, cessèrent de s'occuper de ce qui frappait tant madame Meuron et Julitte.

Cette dernière, jeune fille âgée d'environ 18 ans, avait autant de beauté que de grâces; son caractère possédait cette naïveté si piquante lorsqu'elle est relevée par de l'esprit naturel; bonne, douce et sensible, gaie cependant, elle charmait ceux qui vivaient avec elle dans un commerce intime; singulièrement attachée à ses parens et à son amie Olympe, elle ne s'occupait que de leur bonheur. Quelque peu de curiosité formait la partie faible de cet ensemble agréable; elle tenait à savoir, dans les moindres détails, ce qui se faisait autour d'elle, questionnant avec insistance avide de nouvelles, de propos comméreurs, ayant enfin ce défaut trop commun à son sexe et aux habitudes de la campagne.

Aussi tandis que son frère et Olympe ne se ressouvenaient plus du prisonnier, elle ne cessait d'y rêver, attachait à cet incident toutes les facultés de son ame, et impatiente déjà de quitter sa famille pour aller en causer avec les domestiques de la maison.

« Eh bien! mon fils, dit madame Meuron, le maréchal Soult continue-t-il sa retraite?

» — Oui, ma mère, répliqua Paul en soupirant, la fortune de la France est compromise. Le nombre des ennemis l'emporte sur les talens de notre général et sur la bravoure de mes frères d'armes. Ils seront à Toulouse très incessamment.

» — Et la guerre s'approchera de nos paisibles contrées! ajouta

Olympe avec non moins de chagrin.

» — Elle est inévitable, et si le maréchal Suchet n'envoie pas de Perpignan les renforts qu'on lui demande, je crains que le duc de Dalmatie ne soit obligé d'abandonner la position de Toulouse et de se replier sur la montagne Noire. Ah! pauvre France! est-ce que le génie de ton empereur ne te sauvera pas ?»

Olympe rougit de plaisir à cette exclamation passionnée du jeune homme; elle lui prit la main, et la serrant dans les siennes :

« Ce cher frère, dit-elle, comme il aime son pays!

» — Autant que mes parens me sont chers, répartit Paul, autant que vous me l'êtes vous-même, ma patrie est l'objet aussi de mon affection. Ah! pourquoi n'ai-je pu la servir plus longtemps!

» — Quand on a fait les campagnes d'Austerlitz, d'Iéna et de Vagram, reprit la jeune fille avec une sorte d'emphase amicale, on a rempli sa tâche, surtout lorsque des blessures graves ont arrêté le héros au commencement de sa course. »

Paul approcha de ses lèvres les jolies mains qui retenaient les siennes. Olympe ne les retira point; ne se montra pas plus émue : cette marque d'attachement lui était familière.

Sur ces entrefaites le domestique compagnon de voyage de M. Meuron à Castelnaudary, revint seul; il apportait une lettre de son maître, qui prévenait sa famille de la prolongation de son absence jusqu'au lendemain. Il avait à terminer, chez un notaire, une transaction importante dans l'intérêt de mademoiselle de Marsal, et afin de la conclure sans retard, il s'était décidé à coucher à Castelnaudary. Ce fut avec chagrin que cette famille si unie reçut cette nouvelle. Cependant le retard était trop peu prolongé pour qu'on s'en inquiétât beaucoup. Paul engagea le valet à ne point dire dans le village que M. Meuron ne revenait pas le même soir, afin que le baron Delmas négligeât de nouveau de faire valoir son droit municipal; mais de dire, au contraire, que son maître, arrêté à la ville par quelque soin du moment, arriverait incessamment. Cette précaution prise, il se tourna vers Olympe :

« Ma belle amie et seconde sœur, lui dit-il, pardonnez-moi si dans la conjecture présente je me permets de vous donner des conseils. La personne que l'on a arrêtée, et qui me semble très suspecte, désire, a-t-elle dit, vous parler sans témoin. Je ne m'y oppose pas; je crois seulement convenable que vous ne devez lui permettre de paraître devant vous qu'après qu'elle aura été vue de mon père.»

Olympe, qui s'occupait moins de l'inconnu que de Paul, trouva tout simple l'avis de ce dernier, et elle remit volontiers au lendemain une entrevue à laquelle, malgré sa singularité, elle n'attachait aucune importance. Il n'en fut pas de même de Jullite Meuron, très empressée d'abord de faire connaissance avec cet étranger mystérieux, et ensuite de s'instruire de ce qu'il pouvait vouloir à son amie. Aussi fut-elle la seule qui manifesta de l'impatience d'un retard qui importunait sa curiosité. Ne pouvant être satisfaite sur ce point, elle demanda à son frère des détails sur l'inconnu, puisqu'ils s'étaient rencontrés ensemble à Toulouse.

« Il seront bientôt racontés, répondit Paul; j'ai soupé vendredi dernier avec ce Monsieur; nous mangeâmes ensemble pendant le samedi et le dimanche suivans; nos opinions politiques n'étaient pas les mêmes; il formait des vœux qui me paraissaient des crimes, ce qui nous éloigna de tout rapport qui eût pu conduire à de l'amitié. D'ailleurs il partit le lundi matin, et je l'ai seulement rencontré ici. »

Jullite dût se contenter de ce peu de renseignemens sur lesquels néanmoins elle bâtit un superbe château en Espagne. Ce jeune homme devait être un envoyé secret de l'Angleterre chargé de soulever le midi; de grandes négociations s'attacheraient à sa personne, lorsque lord Wellington le saurait arrêté, et peut-être enverrait-il à sa délivrance un fort détachement de son armée, dont la présence dans le pays romprait la monotonie de la vie ordinaire qui s'écoulait au château de Montclair. Elle ne confia pas à d'autres le soin de faire préparer le souper du prisonnier, et même, sous la protection de la femme de charge, non moins curieuse qu'elle de savoir ce qu'on leur dérobait, elle osa arriver jusqu'à la porte de la chambre de l'inconnu.

Celui-ci qu'on pouvait apercevoir, parce qu'il avait laissé sa porte toute grande ouverte, se montra le dos tourné et les mains appuyées contre l'immense manteau de la cheminée qui, construite dans les proportions anciennes, s'élevait à six pieds de hauteur; quatre colonnes de marbre rouge du midi supportaient son couronnement, au milieu duquel deux lions gigantesques et pareillement en marbre, tenaient dans leurs fortes griffes l'écusson colorié selon les règles de l'art héraldique, de l'illustre maison de Marsal.

L'inconnu paraissait l'examiner avec attention à la clarté d'une lampe qui brûlait sur une commode voisine, toute en marqueterie et ornée de cuivre doré avec magnificence, selon la mode du temps. Il se détourna de ses occupations en entendant les pas des deux femmes qui s'approchaient, et à la vue de la charmante Jullite il accourut, manifestant de sa présence une joie non équivoque; et avant que la jeune fille stupéfaite eût pu se retirer, il lui dit :

« C'est sans doute, je présume, à la princesse Olympe de Marsal que je parle maintenant ? Ah ! combien j'avais hâte de me rapprocher d'elle et de lui apprendre.... Il allait poursuivre et peut-être révéler ce que Jullite avait tant envie de savoir, mais il y avait trop de délicatesse dans le cœur de la jolie curieuse, pour qu'elle consentît à se satisfaire en gardant le silence et en laissant l'inconnu dans son erreur ; et faisant néanmoins un effort qui lui fut pénible :

» — Vous vous trompez, dit-elle, je ne suis point celle que vous croyez ; monsieur Meuron, son intendant, et naguère son tuteur, est mon père. Je suis venue savoir si vous désiriez quelque chose qu'on n'eût pas songé à vous offrir. »

Un désapointement extrême parut sur le visage de l'inconnu, quoiqu'il manifestât en même-temps l'admiration que lui faisait éprouver la beauté peu commune de la jeune fille ; il la remercia de son obligeance en termes choisis, se déclara content et sans désir quelconque, ajouta-t-il, que celui de parvenir à voir, le plutôt possible, la princesse de Marsal, car il insista à donner ce titre à Olympe, dont personne ne se servait autour d'elle en lui parlant.

Jullite répondit que ceci ne rentrait pas dans ses attributions de ménagère, car elle partageait avec sa mère le gouvernement de l'intérieur du château; et honteuse de prolonger cette conversation qui lui pesait, elle se retira, laissant la femme de charge poser le linge qu'elle portait pour le service de l'inconnu.

Paul ne parut point chez lui pendant la soirée; mais, sans se montrer, il veilla à ce qu'il fût pleinement satisfait; il se passait en Paul quelque chose d'extraordinaire et dont il ne se rendait pas compte au sujet de cet étranger. Le désir qu'il avait exprimé touchant mademoiselle de Marsal, la fierté et la grâce de ses manières, la mission coupable qu'il paraissait remplir dans le midi de la France, le lui rendaient presqu'odieux. Cependant il se serait blâmé de ne pas renfermer ces sentimens hostiles jusqu'après une plus ample explication qu'il se promettait d'avoir avec ce personnage mystérieux avant qu'il lui permît de s'éloigner.

Mais d'autres intérêts réclamaient aussi les instans du jeune militaire. Il était revenu de Toulouse porteur d'ordres du préfet pour l'organisation plus étendue de la garde nationale du canton de

Revel. Paul devait la réunir presque tous les jours dans chacune des communes où il se rendrait successivement, veiller à ce qu'elle pût devenir utile, et prendre à ce sujet toutes les mesures commandées par les circonstances, qui de jour en jour augmentaient de gravité. Il était passé à Revel avant d'arriver à Montclair, avait donné ses ordres en conséquence, et employa une partie de la nuit avec Jantet, son domestique de confiance, à écrire les circulaires qu'il enverrait aux maires voisins dès le jour suivant.

Olympe néanmoins ne sortait pas de sa pensée; il l'aimait de la passion la plus pure, la plus ardente; déjà dès son enfance il s'était accoutumé sans peine à la regarder comme sa sœur chérie, et maintenant il désirait la saluer d'un autre titre, que jamais il n'oserait prononcer le premier.

Paul, quoiqu'accoutumé à vivre dans une intimité complète avec Olympe, à se douter à peine de la distance du rang qui les séparait, voyait pourtant combien la jeune personne lui était supérieure, soit par la naissance, soit par la fortune; trop désintéressé pour mettre de l'intérêt dans son amour, il possédait assez de loyauté pour craindre de ne pas être digne de tant d'avantages ; il se créait des obstacles, des difficultés que mademoiselle de Marsal n'apercevait pas.

C'était bien elle qui, ayant pris des idées nouvelles, ne se formait point une idée juste de sa brillante position. Indifférente aux attraits de l'orgueil nobiliaire, la splendeur dont ses aïeux avaient joui, leur suprématie dans la province, l'illustration de deux alliances brillantes, tout cela était sans prix devant elle. Loin de se rappeler sa généalogie, elle cherchait à l'oublier, tout occupée de bonnes œuvres positives, de vivre simplement et en remplissant à-la-fois, avec la même exactitude, ses devoirs envers Dieu et envers la société. Elle se savait riche, et par conséquent se connaissait de grands devoirs, ceux qui lui enjoignaient de partager ses biens avec les malheureux. Aussi, dès le jour de sa majorité, elle s'était empressée de fonder à Montclair un hospice et une école; elle était sans trève à la recherche des infortunés, des nécessiteux. Ses vertus, ses bienfaits lui acquéraient le titre que la voix unanime du peuple lui accordait, celui de la providence visible de cette contrée, qui chaque jour apprenait davantage à la bénir.

Habituée à voir Paul depuis qu'elle était née, le regarder comme son frère et son meilleur ami, elle avait fini par identifier tellement leurs existences, qu'elle ne concevait pas que leur mariage, quand il aurait lieu, pût éprouver des obstacles ou causât la plus légère surprise; non que le mariage fût décidé, nul encore n'en avait parlé : la famille Meuron, par un sentiment noble, et la jeune princesse parce qu'elle en faisait sa pensée unique; elle croyait qu'il s'effectuerait aussitôt que la paix donnée à la France permettrait d'accorder au plaisir particulier des instans alors tous employés dans l'intérêt de la chose publique. On pensait en 1814, à la suite de la révolution et de l'empire, autrement qu'aujourd'hui.

CHAPITRE IV.

L'inconnu devient un parent.

Il ne peut déguiser l'éclat de ses aïeux ;
Son rang brille en ses traits, dans son port, dans ses yeux.

Tragédie manuscrite.

Le lendemain on se leva de bonne heure dans le château de Montclair. Le sous-officier en sortit pour aller passer la revue de la garde nationale de Revel ; ce qui devait le retenir au moins jusqu'à l'heure du dîner. Sa sœur Jullite vint dans la chambre d'Olympe, et là entama une longue conversation sur l'inconnu et sur ce qu'il avait à dire à son amie. On causa longtemps sur ce sujet sans y rien comprendre, car les deux jeunes personnes ne pouvaient établir d'une manière satisfaisante les rapports qui devaient exister entre l'une d'elles et cet étranger.

Olympe se prêtait à ces conjectures avec beaucoup d'indifférence; elle était peu intriguée et de ce qu'on lui disait, et moins encore touchée de la bonne mine et du grand air de l'inconnu, que Julite avait examiné avec une attention extrême.

Toutes les pensées de mademoiselle de Marsal se rapportaient uniquement sur Paul, sur ce qui la rapprochait de cet ami tant aimé. Elle ne se tourmentait guère de la demande d'un homme qui ne l'avait jamais vue, et l'active Jullite ne concevait pas sa tranquillité sur ce point.

M. Meuron arriva vers les onze heures; sa femme s'empressa de lui faire part de l'événement de la veille, et du désir manifesté par le prisonnier. Dès qu'elle eut achevé, M. Meuron monta sans plus attendre dans la chambre où celui-là restait encore, et il y entra après avoir légèrement frappé à la porte. L'inconnu lisait, il ferma le livre, se leva, et rendit avec une froideur cérémonieuse le salut que lui faisait le survenant.

« Monsieur, dit ce dernier, vous avez été arrêté dans la commune dont je suis maire, muni d'un faux passeport, et vous avez sollicité aussitôt un entretien secret avec mademoiselle de Marsal ; voudriez-vous bien vous expliquer avec moi sur les deux points qui m'intéressent, en ma double qualité de fonctionnaire et de tuteur ?

» — Je croyais, dit l'inconnu, la princesse de Marsal majeure.

» — Aussi l'est-elle ; mais son amitié me conserve un titre que je mérite encore par mon zèle à en remplir la charge, quoique la loi ne m'y oblige plus.

» — C'est possible, Monsieur, fut-il répliqué avec froideur. Il est vrai que le passeport que j'avais ne m'appartenait point; je sens les conséquences d'un pareil aveu, et je m'y soumets : vous n'aurez pas de ce côté à exiger davantage. Quant à la conversation que je voulais avoir avec la princesse de Marsal, j'obéissais à l'ordre du chef de sa famille, qui m'avait engagé à venir de sa part trouver sa petite-fille. Ceci vous paraîtra-t-il coupable également? »

Il y avait quelque chose d'amer

dans le ton de ces paroles, plus que dans les paroles mêmes, qui fut remarqué de M. Meuron. Ne pouvant y assigner une cause, il se contenta de répondre :

« Je suis fâché, Monsieur, qu'ayant à remplir une mission si respectable, vous vous soyez arrêté à paraître ici sous un nom d'emprunt, qui vous expose à des soupçons pénibles, qui vous place dans une position périlleuse, lorsqu'il eût suffi du vôtre, très honorable sans doute, pour obtenir l'accueil que vous méritez certainement.

» — Mon nom me sera ici plus dangereux peut-être que tout autre. N'importe, je le ferai connaître à la princesse, si on juge convenable de m'autoriser à m'approcher d'elle ; et puis je ne le tairai pas non plus aux autorités devant lesquelles on me renverra.

» — Je souhaiterais, répartit M. Meuron avec une bienveillance très prononcée, que les choses n'eussent pas besoin d'aller jusques-là ; je tâcherai de les arranger de la manière pour vous la moins désagréable, si après avoir vu mademoiselle de Marsal vous consentez à vous ouvrir avec moi en toute franchise.

» — Grand merci, Monsieur, de votre obligeance ; je verrai s'il me convient d'y avoir recours lorsque j'aurai vu ma.... mademoiselle de Marsal, ainsi que vous l'appelez. Quant à moi, je ne sais que lui donner le titre qui lui appartient par le droit de sa naissance.

» — Les lois de l'empire ne le lui reconnaissant pas, dit avec douceur M. Meuron, et le danger qu'il y avait à s'en servir pendant le règne de la république, ne nous ont pas permis de l'employer jamais. Si vous voulez me suivre vous trouverez ma pupille dans le salon, où elle attend que je revienne. »

Un geste annonça l'acquiescement de l'inconnu qui, prenant son chapeau, suivit M. Meuron; tous les deux descendirent en silence le grand escalier du château; ils traversèrent une vaste galerie tapissée de portraits de famille, cachés avec soin pendant le régime de la terreur, et replacés depuis l'avénement de Napoléon à l'empire. La vue de ces tableaux parut étonner l'inconnu, qui ne dit rien néanmoins. On arriva au salon, Olympe y était seule; M. Meuron en entrant lui dit:

« Ma chère enfant, voici Monsieur qui réclame de vous un entretient secret de la part de votre grand'père maternel, le marquis de Puylaurens, je me suis hâté d'y consentir : vous écouterez librement ce qu'on peut avoir à vous dire.

A ces mots prononcés, M. Meuron se retira ; Olympe avait à peine aperçu la veille cet étranger ; il était d'ailleurs presqu'entraîné par la foule des paysans, tandis qu'à l'heure actuelle, libre dans ses mouvemens, il se présentait fier et en déployant la richesse de sa taille et l'élégance de son maintien. Elle ne douta pas que ce ne fût un homme appartenant à cette haute classe dont elle faisait partie, et que néanmoins elle avait peu vue.

Mais combien de son côté l'inconnu demeura frappé à l'aspect séduisant de la jeune personne, quand il contempla sa beauté entraînante , les charmes qu'elle possédait! tout en elle devait plaire et séduire; ses moindres gestes enivrait ; il y avait tant d'harmonie dans cet ensemble, tant de perfection dans chaque détail, qu'on ne pouvait contempler Olympe sans éprouver le besoin de l'aimer et le désir de lui plaire.

L'inconnu surpris de cette réunion de tout ce qui attache, demeura un instant immobile ; mais bientôt revenant à lui, et s'approchant avec précipitation :

« Enfin, ma chère cousine, il m'est permis de vous exprimer combien je souhaitais cette heureuse entrevue ! je vous appartiens par les liens du sang ; ma mère était sœur de votre père, je suis le duc Silvère de Montmaure, et je viens à vous au nom des parens qui vous restent, et qui vous chérissent autant que vous le méritez. »

C'était la première fois de sa vie qu'Olympe se trouvait en présence d'un aussi proche parent ; séparée depuis 1793 des membres de sa famille, elle n'avait vécu que parmi des étrangers. A peine si dans l'espace de vingt-une années quelques lettres était venue lui rappeler qu'il existait en Angleterre des personnes de son nom. On lui avait annoncé successivement, et avec solennité, la mort de son père, de sa mère et du plus jeune de ses deux frères, et cela par des phrases laconiques et remplies de sécheresse; il en était résulté naturellement que sa tendresse n'avait pu se développer avec énergie pour des parens qui faisaient si peu de compte de son existence, et qu'elle en parlait sans émotion, comme elle y pensait sans grand désir de se rencontrer avec eux. La fierté de son cœur sensible était blessée de cette indifférence manifeste; aussi loin de répondre à la vivacité de son cousin, elle lui répliqua tranquillement qu'elle était charmée de faire sa connaissance, et de recevoir par lui des nouvelles de son aïeul, de son aïeule et de son frère.

Ce ton calme et sans expansion blessa le jeune homme, qui déjà vivement épris d'Olympe, espérait de sa part plus de chaleur et sentiment à l'heure de leur réunion; il ne put taire sa pensée, et il l'exprima avec sincérité.

« Et que puis-je dire à mon tour, répliqua mademoiselle de Marsal, de ce long silence gardé par tous mes proches? faut-il pour qu'ils se souviennent de moi, que de grands malheurs pèsent sur la France? »

» — Les calamités qui la frappent aujourd'hui, répartit le duc de Montmaure, sont peut-être les préliminaires d'un meilleur ordre de choses, qui sera surtout favorable aux personnes de notre rang. Le chef du gouvernement français lutte avec des forces inégales contre toutes les armées de l'Europe; enveloppé au nord, à l'est et au midi, il est impossible qu'il ne succombe pas, lorsque surtout on a renoncé à traiter avec lui, et la preuve en est dans l'apparition sur le territoire des princes du sang royal. Le comte d'Artois se montre en ce moment dans la Lorraine, le duc d'Angoulême accompagne le général Wellington et marche sur Bordeaux, où il entre peut-être aujourd'hui même. Je faisais partie de sa suite. J'ai accepté, non l'odieux emploi d'espion, mais la mission honorable de rallier à sa cause les Français qui n'ont pas perdu le souvenir de leurs maîtres légitimes; mais, ajouta le duc en souriant et avec un accent plus animé encore, je ne puis taire que le désir de me rapprocher de vous, ma charmante cousine, et de vous apporter cette lettre de votre aïeul, n'ait donné plus de vivacité à mon désir de servir la cause royale, que j'ai d'ailleurs éprouvé du bonheur en foulant la terre sacrée de France : je m'en étais éloigné depuis ma première jeunesse, et le retour m'est bien doux. »

Le duc ensuite apprit à sa parente comment, muni d'un passeport fabriqué par des agens anglais habiles à contrefaire ce genre de pièce si utile à un voyageur, il s'était hasardé à se séparer du duc d'Angoulême dès Bayonne, et à traverser l'armée française, afin de parvenir dans l'ancien comté de Lauraguais.

Il parlait bien; Olympe l'écouta avec plaisir; il termina en lui don-

nant la lettre annoncée qu'il avait cachée jusque-là dans un pli de son carrick de voyage, et qu'il venait d'en retirer pendant qu'il donnait à sa cousine les détails répétés plus haut. Olympe, émue cette fois, brisa le cachet avec plus d'empressement qu'elle n'en avait mis encore dans ses rares relations avec sa famille, et lut à voix basse la missive du marquis de Puylaurens, ainsi conçue :

« Mademoiselle ma petite-fille
» et princesse de Marsal. Enfin les
» portes de la France s'ouvrent
» aux soutiens du trône et de l'au-
» tel ; la révolution va être vain-
» cue, et la noblesse, ainsi que le

» clergé, reprendront leurs rangs » et leurs droits. Je désire que » sitôt l'heure venue de ce changement glorieux, et sans attendre que je me rende moi-même » auprès de vous, vous rentriez dans » votre autorité sur nos vassaux, » et obligiez ceux qui retiennent » nos terres, à nous les restituer » sans retard. Vous vous entendrez » à cet effet avec votre cousin-germain, le duc de Montmaure, » que j'investis de tout mon pouvoir : il me représentera. D'accord avec vous, il sera votre » directeur naturel, en attendant » que d'autres nœuds vous attachent l'un à l'autre. Je sais tout

» ce que vous avez dû souffrir pendant la durée de nos malheurs ; » à quelles indignités vous avez dû » vous soumettre en la compagnie » de la famille infidèle en qui mon » gendre avait si mal placé sa con» fiance. Je me flatte, mademoi» selle ma petite-fille, qu'on n'aura » pu vous inculquer des principes » au-dessous de votre naissance ; » que vous repousserez avec nous » tout rapport avec des gens qui, » par leur conduite, manifestent » assez la bassesse de leur origine. » Votre premier devoir sera de » vous séparer d'eux et de les faire » sortir de votre château. Je me » réserve celui de les livrer à la

» justice bottée, que S. M. Louis
» XVIII rétablira certainement.

» Bonjour, je vous embrasse avec
» un vif désir de vous donner bien-
» tôt ma bénédiction ; et suis,
» mademoiselle ma petite-fille et
» princesse de Marsal, votre af-
» fectionné grand'père,

» Marquis de PUYLAURENS.

» *P. S.* Votre grand'mère et le prince Donatien, votre frère, vous font leurs amitiés. »

A mesure qu'Olympe lisait cette lettre extraordinaire, une foule de sentimens divers remplissaient son cœur; elle se demandait qui avait donné naissance à cette haine injuste que son aïeul portait à la famille Meuron ; à ce besoin de la punir de tant d'affection, de soins rendus à son enfance ; de cette généreuse restitution de tous les biens patrimoniaux de la maison de Marsal ? C'étaient des énigmes pénibles dont elle souhaitait d'obtenir l'explication.

Elle n'était pas accoutumée non plus à ces formes solennelles, à ce désir de se montrer à ses concitoyens dans toute la splendeur d'un rang que désormais on voudrait soutenir avec rigueur, à cette indifférence des siens, qui éclatait jusque dans cette circonstance, où un post-scriptum d'une ligne suffisait à l'entretenir des sentimens de son aïeule et de son frère ; mais plus encore combien elle fut douloureusement affectée de la phrase relative à ses rapports à venir avec son cousin ! elle annonçait positivement un projet de mariage, et certes une telle union ne se présentait pas sous un doux aspect à la pensée d'Olympe. Elle attira sur son front une vive rougeur que mademoiselle de Marsal essaya de dérober à son jeune parent derrière le papier de la lettre, car elle craignait que le porteur de celle-ci ne fût instruit de ce qu'elle contenait par le marquis de Puylaurens.

Tandis qu'elle lisait, et avec lenteur, à cause de la mauvaise écriture de son grand'père, le duc l'examinait avec un nouveau plaisir, et s'estimait heureux d'être rapproché d'une parente aussi belle. Il éprouvait un amour qui, bien qu'à sa naissance, avait déjà de l'ardeur et les impétuosités accoutumées. Il lui tardait de pouvoir l'expliquer à sa cousine, et cela avec d'autant moins de retenue qu'il savait en effet que sa main lui était destinée par arrangemens de famille, et afin de lui assurer, dès sa rentrée en France, une grande fortune réunie à celle qu'il retrouverait certainement dès que les biens des émigrés leur auraient été rendus.

Olympe, embarrassée de ce qu'elle dirait, essaya d'éloigner le moment inévitable de la conversation attendue, en reprenant la lettre. Dès le premier mot, elle arriva pourtant à la fin, et alors comprenant qu'il serait plus dangereux de se taire, elle dit à son cousin :

« J'acquiers avec un chagrin extrême la certitude que mes parens ont été trompés pendant leur absence, sur la conduite de personnes qui me sont bien chères. Loin que M. Meuron et sa femme, mon excellente nourrice, méritent de ma part le plus léger reproche, je leur dois de l'amour, de la reconnaissance, et c'est une double dette dont mon cœur s'acquittera toujours.

» — De l'amour! de la reconnaissance! répéta le duc avec autant de mécontentement que d'ironie; en faut-il beaucoup envers des gens avides qui se sont emparés de vos biens, de ceux de vos proches; qui en jouissent insolemment, et qui vous ont réduite à un demi-état de domesticité?

» — Votre erreur est grande, Monsieur, et j'apprécie alors celle de ma famille. Non, je ne suis pas ici la servante des Méuron, j'y suis la maîtresse, la dame, la princesse, si cela vous convient mieux; mon enfance, mon adolescence, ma jeunesse ont été entourés des soins les plus tendres; on m'a traitée avec autant de respect que d'égards; on m'a inspiré le besoin de la vertu; on a nourri mon ame des meilleures maximes, et les miens, grâce à Dieu! le reconnaîtront. Quant à l'acquisition révolutionnaire de tous les biens de nos ancêtres, le fait est vrai, je ne le conteste pas; mais il convient d'ajouter que le lendemain du jour où l'an dernier j'ai atteint ma vingt-unième année, M. Meuron m'a cédé, par acte valable, tout ce qu'il avait acheté dans le seul désir de conserver à ma famille des propriétés que sans cela elle aurait perdu irrévocablement. »

Ce que mademoiselle de Marsal confiait à son cousin produisit sur lui l'effet opposé à celui qu'elle attendait. Les traits du duc de Montmaure se rembrunirent ; il baissa les yeux et se tût d'abord, puis rompant ce silence bizarre :

« Voilà qui est superbe, ma cousine; voilà un désintéressement rare et auquel on ne peut qu'applaudir. La nouvelle ne nous en était point venue, et vous auriez dû la communiquer à vos parens.

» — Et pouvais-je le faire, ignorant leur demeure? Il y avait quatre ans que nul d'entr'eux ne m'avait écrit; on m'abandonnait, et on était injuste à l'égard de ceux qui conservaient pour moi une si généreuse affection.

» — Vous faites bien de les défendre, et vous avez raison de nous accabler.

» — Je ne vous place point parmi les coupables; vous ne me deviez rien, Monsieur, peut-être même soupçonniez-vous à peine mon existence.

» — Oui, ma cousine, ceci est vrai. Mon père, dans son émigration, se dirigea vers la Russie, où je me trouvais encore lors de la grande catastrophe des Français, auprès du duc de Richelieu, ami et parent de ma famille. Il m'envoya en Angleterre, à la suite de l'incendie de Moscou. Là je rencontrai les vôtres, je sus que vous étiez en France, et votre nom me fut prononcé pour la première fois. Ah! soyez persuadée que si plutôt j'en avais eu connaissance, j'aurais plutôt bravé les périls pour arriver jusqu'à vous. »

Cette explication fut prononcée avec tant de véhémence, qu'Olympe en éprouva encore plus d'embarras. Aussi, et afin de le dissimuler, reprenant la parole avec une égale chaleur :

« Mais mon aïeul, mais surtout mon frère, s'est-il inquiété de ma position ? a-t-il cherché à m'en délivrer, puisqu'il la croyait si fâcheuse ? Ni lui, ni le marquis de Puylaurens n'y ont songé; ils ne s'en ressouviennent que lorsqu'ils pensent à la possibilité du retour. N'ai-je pas le droit d'être chagrine d'une telle indifférence, surtout lorsque je la rapproche de l'amitié parfaite que depuis tant d'années la famille Meuron m'a prodiguée ? »

Le duc de Montmaure fit ici un geste d'impatience et de douleur ; Olympe poursuivit :

« Monsieur et cher parent, j'ai

à vous demander une grâce : c'est quand vous reverrez le marquis de Puylaurens, mon aïeul, et mon frère, de leur faire connaître combien je dois de reconnaissance et d'attachement à ceux qui m'ont si bien servi de père et de mère ; que sur ce point je ne changerai jamais, et que je me flatte qu'eux-mêmes avoueront la grandeur du bienfait, en traitant avec la distinction qu'ils méritent, des êtres au-dessus de ce qu'on appelle leur rang.

» — Je vous obéirai, ma cousine, je rendrai hommage à la vérité, lors même qu'elle pourra m'être fâcheuse. Je vois que cette famille est véritablement la vôtre, et qu'elle saura vous séparer de nous.

» — Jamais, Monsieur, jamais tant qu'elle sera traitée convenablement par la mienne. Mais laissons ce point maintenant et parlons de vous, qui, arrêté à une époque critique et avec la charge d'une mission périlleuse, affrontez peut-être quelques dangers.

» — Ne vous en occupez pas, Mademoiselle, répliqua le duc avec une sorte de dépit, laissez-moi courir en plein ma destinée : il y a une heure que je tenais à la liberté, à la vie. Je ne sais ce qui m'est agréable aujourd'hui ; il y a des illusions qu'on se forme trop douces, auxquelles on s'attache dès quelles jouent devant nous, et qui disparaissent trop vite pour ne pas laisser après elles des regrets amers. »

Olympe, par un instinct de sympathie, ne voulut pas traiter ce point avec ce jeune émigré; elle revint à celui principal qui avait trait à la sûreté personnelle du duc, et l'assura que s'il lui permettait de le faire connaître à messieurs Meuron, elle était persuadée que dès-lors il ne courrait plus aucun danger.

« Ah! ma cousine, répondit-il, n'est-ce pas assez de la dette que votre famille a contractée envers celle-là pour votre propre compte, faut-il que je sois aussi leur obligé? je ne m'en sens pas l'envie, et ce serait trop pénible pour moi.

» — Et pour moi trop affreux, répartit Olympe avec chaleur, si je vous laissais partir pour Toulouse; qui sait comment on vous traiterait dans cette ville? Il ne faut pas que votre retour me coûte des pleurs.

» — Mon sort vous intéresserait-il à ce point? serai-je assez heureux...

» — Les nœuds du sang qui nous lient sont sacrés, et mes parens auront toujours à ce titre des droits puissans aux affections de mon cœur.»

Ceci fut dit avec une solennité si froide, que le duc ne put en remercier sa cousine, qui, se levant, s'approcha de la cheminée et tira le cordon de la sonnette; un domestique se présenta:

« Priez monsieur Meuron, lui dit-elle, de prendre la peine de venir ici, il me rendra service.»

CHAPITRE V.

L'adjoint tient à faire le maire.

Ut fama est homini, exin solet pecuniam invenire.

PLAUTE, *La Martellière*, a. II, s. I.

Le crédit qu'un homme obtient est proportionné à sa réputation.

Le duc de Montmaure, tandis que mademoiselle de Marsal donnait cet ordre, se rapprocha d'une fenêtre et se mit à regarder la campagne. Un horizon immense se déroulait devant lui, s'étendant de la gauche aux montagnes de

Castres ; présentant en face ces collines élevées qui portent sur leurs cîmes Puylaurens, Montgey, Saint-Julia, Saint-Félix, Saint-Paulet, et vers la gauche se prolongeant jusqu'aux crêtes neigeuses des Pyrénées; paysage immense, enrichi de toutes les beautés pittoresques de la nature, qui attire l'attention des plus indifférens, et auquel le duc ne donna même pas un coup-d'œil rapide. Il y avait dans son cœur, épris subitement de sa cousine, quelque chose qui lui faisait craindre qu'elle ne partagerait point sa tendresse. Rien encore ne lui apprenait la vérité ; il n'avait surpris entre Olympe et

Paul Meuron, ni regard, ni geste, ni parole animée, puisqu'ils ne s'étaient point réunis devant lui ; et pourtant une voix intérieure lui disait que la vivacité avec laquelle mademoiselle de Marsal défendait son tuteur, provenait moins de sa reconnaissance, en retour d'une conduite si honorable, que par suite de l'affection plus ardente qu'elle éprouvait pour le fils de la maison.

Élevé dans toutes les idées de sa caste, corroborées de celles des étrangers sur ce point, et de la sorte de haine involontaire que les émigrés à leur retour portèrent aux Français, qui les avaient vaincus, le duc de Montmaure, à part le sentiment subit que la vue de sa cousine lui inspirait, ne pouvait voir qu'avec peine, et même soupçonner avec dépit une cause à ce dévoûment pour des *gens de basse classe*, qui lui paraissait humiliante pour lui et pour ses parens. Déjà, et sans s'en rendre compte, Paul Meuron lui était désagréable, et l'espèce d'éloignement qu'il lui avait inspiré lors de leur rencontre à Toulouse, par suite de leurs opinions politiques si différentes, prenait une extension plus considérable et pouvait conduire à un éclat fâcheux.

Olympe, d'une autre part, était

charmée de terminer un entretien dans lequel son parent pouvait faire encore mieux connaître, et la pensée secrète, et la volonté du marquis et de la marquise de Puylaurens. Olympe, jusqu'à cette heure, n'avait pas jugé la force de son amour; elle s'abandonnait à la confiance que rien ne la retiendrait, et lorsque par l'effet subit de l'apparition du duc de Montmaure il lui était donné de prévoir des obstacles dans l'avenir, faisant alors un retour sur elle-même, elle comprenait combien Paul lui était cher, et combien plus encore elle ne pourrait consentir à s'en détacher.

Elle possédait, parmi ses qualités brillantes et nombreuses, cette force qui ajoute tant de prix aux vertus. Ayant dépassé la première époque de la jeunesse, elle entrait dans celle où l'ame, complétement mûrie, peut prendre des résolutions fermes et motivées; elle savait quelle conduite il lui fallait tenir, et comment il faudrait s'y prendre pour satisfaire également ses devoirs envers ses proches, et son amour envers l'ami de ses jeunes ans. Elle aussi, dans ce moment pénible, gardait le silence, très occupée sans doute à s'éclairer sur l'agitation de son cœur, mais attendant avec impatience que son tuteur arrivât.

Il était en ce moment dans une aile opposée du château, où le domestique dut aller le chercher; car ni lui ni sa femme n'avaient songé à épier leur pupille bien-aimée. Il revint donc en toute hâte, et dès qu'il fut entré :

« Mon cher tuteur, dit mademoiselle de Marsal, ce personnage mystérieux, et que l'on accuse déjà de conspirer contre notre gouvernement, n'est pas venu ici avec des intentions aussi hostiles ; un autre soin plus convenable l'attirait à Montclair; celui de m'apporter des nouvelles de ma famille, dont lui-même fait partie. Vous voyez devant vous le duc de

Montmaure, mon cousin-germain.»

M. Meuron s'inclina à ces mots devant l'émigré, et lui adressa les complimens d'usage. Le duc y répondit avec politesse, mais brièvement. M. Meuron reprenant la parole, exprima ses regrets de n'avoir pas su plutôt la qualité de son hôte, ce qui l'avait empêché de lui rendre les honneurs dus à son rang et à la proximité de sa parenté avec mademoiselle de Marsal.

Ceci obligea le duc à des remercîmens qui lui étaient pénibles, et qu'Olympe abrégea en demandant à M. Meuron de quelle manière il fallait s'y prendre pour empêcher le voyage à Toulouse que le baron

Delmas ne manquerait pas de provoquer.

« Ceci, répondit M. Meuron, présente quelqu'obstacle. Déjà, et d'après la réquisition impatiente de mon adjoint, la gendarmerie de Revel sait qu'on a fait l'arrestation d'un personnage suspect dans cette commune, et deux cavaliers de cette arme viennent d'arriver à l'instant même pour escorter le prisonnier jusqu'à Toulouse.

» — Et vous n'empêcherez point ce départ funeste? dit Olympe avec anxiété.

» — Cela sera difficile, répondit M. Meuron; je le tenterai cependant, car dès que le motif du voyage de M. le duc est connu, il ne reste plus contre lui que la charge de s'être servi de papiers qui ne lui appartenaient pas : c'est un tort sans doute, mais on ne le jugera point sévèrement.

» — Je ne pouvais, Monsieur, dit alors le duc, me présenter dans la partie de la France non occupée par les alliés sous mon nom véritable, maintenu par Bonaparte sur la liste des émigrés. Il y aurait eu trop d'imprudence à paraître sans déguisement.

» — Et il y en a eu plus encore, permettez-moi de vous le reprocher, répliqua M. Meuron, à vous cacher ; c'était faire naître la pensée de vous découvrir, et peut-être inspirer l'idée que vous veniez.....»

Il s'arrêta en hésitant.

« Achevez, Monsieur, dit le duc.

» — J'en serais fâché, car je ne veux pas vous être désagréable. Nous sommes au plus fort d'une guerre acharnée ; l'armée dont vous faites partie conduit avec elle un prince de la maison de Bourbon ; elle annonce par là des projets plus qu'hostiles, puisqu'elle veut tenter de changer la dynastie fondée nouvellement. Vous êtes, M. le duc, l'un des partisans les plus chauds de cette famille respectable. Vous dépassez les lignes françaises, vous venez, sous un nom d'emprunt, dans un pays qui est le vôtre; on vous reproche des propos malveillans, on vous signale comme ayant répandu les proclamations du duc d'Angoulême : toutes ces choses ne rendent pas votre position facile, et je voudrais pour beaucoup qu'on n'eût à excuser le duc de Montmaure que d'avoir témoigné de l'empressement à revoir la terre natale.

» — Je vous entends, Monsieur, reprit l'émigré avec hauteur : on me flétrit ici d'une qualification infâme.

» — Cela ne peut être, s'écria Olympe vivement agitée.

» — Cela n'est que trop vrai malheureusement, dit M. Meuron avec un accent profondément ému; mais j'espère que tout s'accommodera ; les intérêts d'un aussi proche parent de ma pupille deviennent les miens dès ce moment, et certes, je m'imputerais à crime de lui laisser courir le moindre péril. Je tenterai tout ce qui sera propre à le lui faire éviter. »

La vivacité sincère avec laquelle M. Meuron prononça ces paroles produisit son effet. Le duc de Montmaure en fut touché jusqu'au plus profond de son cœur, et malgré son éloignement involontaire pour les membres de cette famille, la franchise de son chef lui parut respectable, et il avoua que de tels bourgeois valaient peut-être bien des nobles orgueilleux. Cependant en vertu de cette fausse honte, de cette vanité inhérente à la faiblesse humaine, il ne put se décider à manifester tout ce qu'il éprouvait; il se contenta de remercier froidement son protecteur, et rentra bientôt dans la méditation à laquelle il se livrait lorsque M. Meuron avait paru dans la salle.

Celui-ci s'adressant à Olympe lui demanda des nouvelles de ses parens avec autant de simplicité que d'affection. Le duc alors se mêlant à la conversation, leur apprit à l'un et à l'autre que le marquis et la marquise de Puylaurens ayant quitté l'Angleterre en même-temps que S. A. R. le duc d'Angoulême, étaient maintenant à Pampelune, où ils attendaient ce que les événemens décideraient de la France. Quant au prince Donatien, ajouta-t-il, il prend part aux actes de l'armée anglaise à la tête d'un régiment étranger qu'il commande; je n'ai pas eu le même courage, et aussi je suis prisonnier.

« Puisque vous n'êtes pas au service actif de l'Angleterre, dit M. Meuron, il nous sera plus facile de vous retirer de la position où vous êtes.

» — Oh! dit Olympe à son tour et en couvrant ses yeux de ses mains blanches et bien dessinées, pourquoi mon frère n'a-t-il pas fait comme vous?

» — L'amour de la gloire.

» — Y en a-t-il, Monsieur, répondit sévèrement Olympe, à porter les armes contre sa patrie? »

Le duc ne répliqua pas. On entendit alors quelques personnes s'approcher. Bientôt on vit paraître le baron Delmas, son fils Lambert et le brigadier de la gendarmerie. Olympe à leur aspect tressaillit. M. Meuron ne cacha pas sa peine, et l'émigré les regarda avec le dédain qui lui était habituel.

« Enfin, s'écria le baron Delmas, vous voilà de retour mon cher Meuron et très honoré maire; on réclamait tant hier votre présence, à tel point on doutait ici que je pusse remplir convenablement mes fonctions. Vous avez vu le procès-verbal, l'interrogatoire que vous savez que ce Monsieur a subi, un faux nom, qu'il a répandu dans les communes voisines de fausses nouvelles, que c'est un émissaire des Anglais. . .

» — M. le baron Delmas, répondit M. Meuron en l'interrompant au milieu de sa phrase accusatrice, tout ce que vous alléguez n'est pas prouvé. Monsieur a des torts, sans doute, mais les explications qu'il donne sont satisfaisantes. Il y a eu, s'il me permet de le dire, plus de légèreté de sa part que de mauvaises intentions. Des motifs particuliers et tous personnels l'ont amené parmi nous, et il ne convient pas de répéter sans certitude complète les exagérations de gens accoutumés à tout grossir.

» — Non pas en ce cas, s'il vous plaît, reprit le baron quelque peu fâché de la réplique du maire; on n'accuse ce prisonnier que de ce qu'il a dit et fait; j'ai dû agir en conséquence, et sujet soumis et dévoué à sa majesté impériale et royale, aucune considération n'a pu me faire dévier de la route de mon devoir. D'ailleurs, Monsieur, si cet individu peut se justifier je ne demande pas mieux, mais il le fera seulement à Toulouse ; c'est là qu'il doit se rendre, et j'aime à croire qu'ayant égard au fait de son arrestation, que j'ai décidée par mon activité, par mon zèle, vous me chargerez du soin de le conduire et de le présenter moi-même au duc de Dalmatie, qui, dit-on, arrive demain ou après-demain au chef-lieu de notre département.

» — Avant que de faire partir

Monsieur, répondit le maire, je veux écrire au procureur-général, lui exposer le cas et lui demander ses ordres.

» — Vous prenez là, répliqua M. Delmàs, une grande responsabilité! savez-vous si cet agent n'est pas à la tête de quelque conspiration formidable? s'il n'a pas autour de nous des complices prêts à tenter sa délivrance? Croyez-moi, mon cher Meuron, débarrassez-vous de sa garde sur ces deux Messieurs (en montrant les gendarmes) et sur un fonctionnaire dévoué au meilleur des gouvernemens. Nous allons partir sur-le-champ pour Toulouse, et là on éclaircira ce que présente d'obscur la venue parmi nous de cet étranger.

» — M. le baron, reprit le maire, je vous remercie de la peine que vous voulez bien prendre ; mais j'ai à cœur de vous l'éviter. Notre prisonnier demeurera provisoirement ici, et l'un de ces messieurs partira seul pour aller porter au préfet et au maréchal les lettres que je vais écrire.

» — Prenez garde à ce que vous faites, riposta M. Delmas ; vous compromettez la sûreté de l'empire, et je me croirai obligé en ma qualité de sujet soumis et dévoué...

» — Je vous laisse libre de me dénoncer, Monsieur, dit très séchement le maire, si cela peut aider à vos intérêts. »

La phrase était dure, elle blessa sans doute le baron de l'empire; mais il n'en fit rien connaître, et se récria sur ce qu'on manquait à l'amitié, multiplia des protestations d'affection dont on le tenait quitte, et parut chercher à faire oublier ce que son insistance avait eu de désagréable. M. Meuron eut l'air aussi d'écouter avec plaisir cette explication, et on convint alors que le prisonnier continuerait de séjourner à Montclair jusqu'au retour du gendarme. Celui-ci, en attendant les dépêches dont il devait être le porteur, se retira ainsi que son compagnon. Le duc de Montmaure demanda la permission de rentrer dans sa chambre, et cela du ton d'un véritable détenu; et M. Meuron mit à lui répondre une obligeance respectueuse dont le baron Delmas fut frappé.

Olympe de son côté se retira, ayant le désir d'aller apprendre à sa mère de nourrice et d'adoption quel était cet inconnu qui occupait tant Jullite, et M. Lambert passa dans le jardin, sur un signe que lui fit son père...

CHAPITRE VI.

Deux rivaux en présence.

Il est difficile à contraindre
L'amour heureux ou rebuté,
Et tandis qu'il s'efforce à feindre
Il brille par quelque côté.

Romance inédite.

Monsieur Delmas demeuré seul avec M. Meuron, lui dit :

« Maintenant que personne ne nous écoute, me ferez-vous connaître quel est ce prisonnier mystérieux?

» — Qui peut vous faire soupçonner que je sais qui il peut être?

» — Vos égards pour lui, la manière dont vous lui avez parlé, votre résistance à mon désir de le conduire à Toulouse; c'est donc un personnage de bien haut rang?

» — Vous ne vous trompez pas dans cette croyance, répartit M. Meuron; cet étranger que vous prenez pour un agent d'insurrection employé par l'Angleterre, est un de nos compatriotes, un proche parent de ma pupille, et sa famille a toujours occupé la première place parmi la noblesse du Languedoc. Il a commis la faute de se cacher, lorsque peut-être il aurait obtenu du maréchal Soult une permission d'arriver jusqu'à nous. C'est là tout son crime, soyez-en persuadé.

» — Et voilà pourquoi il réclamait hier un entretien particulier avec mademoiselle de Marsal ! Ma foi, moi, vieux pécheur, je me suis imaginé quelque passion cachée, un amant déguisé, et dans ce cas je. . . je. . . n'étais pas fâché de l'éloigner du château.

» — Dans quel but, je vous prie ? demanda d'un ton simple M. Meuron.

» — Ah ! mais afin de préserver votre belle pupille... Devrait-elle prendre un époux hors du cercle de ses amis ?

» — C'est un point, reprit gravement l'interlocuteur, que je n'ai pas encore discuté, ni avec elle, ni avec moi-même; je me serais fait un scrupule de diriger son choix, dans la crainte de ne pas bien le désigner. Si ma pupille se marie, ce sera par le libre effet de sa volonté, et jamais avec mon consentement si elle n'obtient celui de sa famille.

» — De sa famille! s'écria le baron; la comptez-vous pour quelque chose? où est-elle? Des émigrés, des ennemis de l'empereur peuvent-ils d'ailleurs, à une telle distance, décider d'un fait qui leur est étranger? Mort civilement aux yeux de la loi, ils n'ont aucun droit sur votre pupille ; elle seule peut disposer de sa main ; elle devrait la donner à un jeune homme bien élevé, possesseur d'une belle fortune, qui aura un titre un jour, car il y en a un dans sa famille. Nous reparlerons de ceci très incessamment, mon cher Meuron ; vous aurez en moi de la confiance, car je vous estime beaucoup, et on pourrait arranger si bien les choses..... Mais enfin quel est notre prisonnier?

» — Le jeune duc de Montmaure, dont les terres sont voisines de celles de mademoiselle de Marsal.

» — Qui ne lui appartiennent

plus, M. Meuron, et cela en vertu de la loi sur la vente des propriétés nationales. Je crois en avoir acquis une partie et de la première main. Et que vient faire ici ce personnage?

» — Mais peut-être s'arranger avec vous afin de retirer des domaines qui ne vous ont pas coûté bien cher.

» — Que dites-vous? je les ai payés deux fois leur valeur; et vous croiriez que cet émigré ne conspire pas le retour de l'ancien régime? cela est impossible.

» — Tranquillisez-vous, M. le baron, il ne songe pas à vous tourmenter; son voyage n'a pour but que d'apporter à ma pupille la bénédiction de ses parens, et de régler avec elle des intérêts de famille relativement aux biens que je lui ai rendus, et dont on voudrait qu'une portion retournât au profit du seul frère qui lui reste.

» — C'est à quoi certainement vous ne consentirez pas, répliqua le baron avec feu; vous devez empêcher la diminution d'une brillante fortune que mademoiselle de Marsal doit apporter intacte à son futur époux.

» — Comme celui-ci m'est inconnu, repartit M. Meuron en riant, je songe peu à ses intérêts et beaucoup à conserver pleine et intacte la belle réputation dont jouit ma pupille. Voudriez-vous qu'elle se montrât inférieure à son tuteur, et qu'elle retînt à son profit ce que je n'ai pas gardé pour moi ?

» — Oh ! vous êtes un homme très délicat, très admirable, et en rendant à mademoiselle Olympe les biens de sa famille, vous avez agi fort noblement ; mais elle était Française, tandis qu'elle enrichira un ennemi de l'empereur.

» — Un frère.

» — Celui qui deviendra son mari vous aura peu d'obligation de cet acte de prodigalité folle ;

que des secours soient accordés, à la bonne heure.

» — Si vous présumez que ceci doive m'attirer des reproches, je tâcherai, pour les éviter, de donner à ma pupille un mari qui possède mes sentimens.

» — Oh! vous le rencontrerez : je vous en proposerai un ; mais puisque vous tenez à ce qu'un partage soit fait, il convient au moins qu'une balance égale en devienne le résultat.

» — Mon intention n'est pas de rétablir ici les anciennes lois sur le droit d'aînesse ; au demeurant, comme le point n'intéresse directement ni vous ni moi, nous pouvons nous dispenser de le traiter ensemble. Ma confiance en vous, M. Delmas, me fait espérer que vous n'insisterez plus sur la translation dans les prisons de Toulouse du duc de Montmaure, et que, déchirant le procès-verbal que vous avez dressé, vous me permettrez d'y substituer celui que je ferai moi-même.

» — Je souhaiterais vous satisfaire, répliqua le baron non sans embarras, mais la chose n'est plus possible.

» — Et pourquoi, s'il vous plaît?

» — Attendu que, hier au soir, ayant à envoyer quelqu'un à Revel, j'ai profité de la circonstance pour adresser un double de cette pièce importante à M. le procureur-général.

» — Voilà, dit M. Meuron, en frappant le parquet du pied, un empressement très extraordinaire; vous pouviez attendre que je vous eusse parlé.

» — Ah! Monsieur, rempli de dévoûment et de zèle.....

» — Le mal est fait, répondit le maire, je dois le réparer, et je vais m'en occuper tout de suite. Permettez-moi de vous quitter; trop de soins me réclament pour que je me gêne avec un voisin. »

En conséquence de ce congé formel, le baron Delmas se retira en traversant le jardin où son fils était à l'attendre. M. Meuron, peu d'instans après, partit pour Revel afin de rejoindre Paul, qu'il rencontra sur la route revenant à Montclair. Ils causèrent quelque temps ensemble, puis se séparèrent, l'un poursuivant son chemin vers le château, et l'autre tournant bride vers Castelnaudary. Dès qu'il fut dans cette ville, il fit mettre des chevaux de poste à sa voiture, et vers le milieu de la nuit parvint aux portes de Toulouse.

Paul, de retour auprès de sa famille, se hâta de la prévenir qu'une affaire subite et toute politique appelait son père au chef-lieu du département; qu'il prolongerait son absence pendant cinq ou six jours, et qu'il donnerait exactement de ses nouvelles. Il fallut cette assurance pour calmer l'inquiétude de madame Meuron principalement; elle savait que le maréchal Soult se repliait sur Toulouse avec l'armée française, et que celle des alliés ne tarderait pas à les investir. Elle craignait que dans ces pénibles conjonctures son mari ne courût quelque danger. Paul lui certifia qu'il n'en serait rien, et que des communications seraient toujours ouvertes entre Toulouse et le Lauraguais.

Ce soin pris, il se rendit dans la chambre du prisonnier.

« Monsieur le duc, dit-il en l'abordant, mon père a quitté le château sans pouvoir prendre vos ordres; il m'a chargé de le remplacer auprès de vous, et certes je ne démentirai pas sa confiance.

» — J'en suis certain, Monsieur, répartit le duc, car depuis le peu de temps que je me trouve au milieu de votre famille, j'ai appris à la mieux connaître, et je commence à l'apprécier dignement.

» — Je dois vous rappeler, dit Paul, que prisonnier sur parole vous êtes libre de vos mouvemens, et vous inviter à venir prendre place à la table de la famille, car vous n'êtes plus un étranger pour elle.

» — Je voudrais être son ami, répondit le duc, si rien ne s'y oppose.

» — Pas au moins de ma part, répliqua le sous-officier avec vivacité.

» — Plaise au ciel qu'il en soit ainsi ! Quant à moi, Monsieur, si ma façon de penser diffère de la vôtre, si même à Toulouse nous ne nous sommes pas vus avec plaisir, ici je change complétement : ma reconnaissance de la conduite des vôtres envers ma cousine... »

Paul l'interrompant :

« Ah ! Monsieur, ne nous adressez pas une offense en vous étonnant de ce que les miens ont rempli fidèlement leurs devoirs.

» — Ce n'est pas mon intention; mais il me semble convenable d'avouer ce qui vous est dû. »

Paul, afin de mieux détourner une conversation qui lui pesait, engagea le duc à descendre, car l'heure du dîner arrivait. Ce repas a lieu dans tout le pays de la montagne Noire, ainsi que dans tous les villages environnans, entre midi et une heure. Ce jour-là, par extraordinaire, on l'avait retardé de deux heures, et cela faisait un événement dans le château. Le duc suivit Paul, et lorsqu'il entra dans la salle à manger, où les trois dames de la maison s'étaient déjà rendues, il se fit présenter en forme par sa cousine à madame et à mademoiselle Meuron.

Jullite, dans sa simplicité, voyait dans un duc, surtout appartenant à l'ancien régime, un être fort au-dessus de ses égaux. Accoutumée dès son enfance à la principauté endormie d'Olympe, elle ne s'en étonnait pas; mais le titre de Silvère de Montmaure, rehaussé par une figure charmante et des manières à l'avenant, la frappait au point d'augmenter sa timidité. A peine si à la dérobé elle osait regarder le parent de son amie; elle se taisait, elle qui chaque jour, par sa vivacité gracieuse, animait le repas du matin.

Olympe à son aise, et néanmoins autant réservée dans ce moment, cherchait à se dérober aux soins empressés de son cousin; que Paul remarquait trop et qui appelaient parfois un nuage sombre sur sa figure ouverte et douce. Olympe voulait éviter une jalousie réciproque, dont elle craignait les éclats. Elle appartenait au sous-officier par les affections de l'ame et par l'habitude de toute sa vie, et c'était à cette dernière heure qu'elle commençait à s'apercevoir de l'énergie de cette tendresse qui, jusque-là, lui avait paru si agréable et peu impétueuse.

Paul, de son côté, éprouvait du chagrin à la vue des manières passionnées de Silvère de Montmaure; il tâchait de le renfermer dans le fond de son cœur, de ne point le laisser deviner surtout; car lui aussi aimant Olympe de toutes les facultés de son être, s'était retenu jusque-là à manifester son amour respectueux et sincère. Mademoiselle de Marsal avait pu comprendre qu'il l'adorait depuis longtemps; qu'elle était l'objet unique de ses pensées et de ses espérances; mais aucun aveu direct, aucune parole précise n'avait servi à dévoiler un sentiment qui n'en éclate que mieux lorsqu'il est comprimé. Paul Meuron possédait trop cette délicatesse, fille de la vertu, qui interdit les actes les moins coupables. Il aurait eu des remords si par ses discours il eût aidé à allumer une flamme qui pouvait un jour lui être reprochée; il connaissait l'énorme distance que le rang et le monde mettaient entre lui et mademoiselle de Marsal; il savait que si jamais il arrivait au bonheur d'obtenir sa main, il s'élèverait nombre de voix injustes qui le calomnieraient en l'accusant d'avoir profité, pour atteindre à ce superbe mariage, de l'ascendant de ses proches sur la riche et noble héritière ; il voulait du moins être en paix avec sa conscience, et que celle-ci ne le tourmentât pas avec raison. Il avait en conséquence réglé sa conduite de manière à ne pas rougir avec lui-même, et à pouvoir ne mériter jamais les reproches de sa femme, si jamais mademoiselle de Marsal consentait à le devenir. Maintenant une autre inquiétude le tourmentait : elle résultait de la venue inopinée du duc de Montmaure ; il voyait en celui-ci tant de perfection physique, une telle supériorité sociale, des qualités au moins égales aux siennes, qu'il ressentait les premières atteintes de cette jalousie à laquelle il n'avait pas été livré jusque-là. Une voix intérieure lui disait que cet émigré n'était point venu à travers tant de périls pour établir seulement de nouveaux rapports entre Olympe et ses parens, mais qu'on l'avait envoyé pour obtenir sa main, et peut-être pour l'enlever à la France et à l'attachement de ses amis.

Eh bien! ces funestes pensées qui dans un autre cœur auraient allumé des sentimens de haine contre le duc, présumé son rival, se liant aux vertus qu'il possédait avec tant d'énergie, lui imposaient une modération douloureuse, une sagesse qui lui coûterait peut-être le bonheur de sa vie.

« Non, se disait-il, je ne lutterai pas avec lui ; il sera libre de chercher à plaire. S'il triomphe, mon désespoir n'aura pas de bornes ; mais du moins je pourrai sans rougir atteindre la dernière heure de ma carrière alors empoisonnée par tout ce qui jette dans le malheur.

Le duc également redoutait une concurrence déplaisante avec ce jeune homme, dont encore il n'appréciait pas le caractère, et qu'il ne devait bien connaître que plus tard. Il lui paraissait impossible que Paul eût pu voir Olympe chaque jour sans l'aimer d'abord, et puis sans essayer de lui plaire; y serait-il parvenu à titre d'amant, ou n'avait-elle pour lui que cette amitié fraternelle née par la longue habitude de se voir et qui ne ressemble pas à l'amour, quoique souvent elle en ait l'apparence?

CHAPITRE VII.

Le double aveu.

Il aime sans être aimé, elle aime,
et sera-t-elle heureuse ?
RÉTIF DE LA BRETONNE, *Contemporaines*.

Quelques jours s'écoulèrent. On apprit la venue à Toulouse de l'armée française, poursuivie dans sa retraite par celle des coalisés. M. Meuron, qui donna ces détails, ne parla point de son retour. Ce silence troubla sa famille : elle avait à craindre particulièrement pour son chef, tandis qu'elle était épouvantée des malheurs positifs qui de toutes parts fondaient sur la France.

Une sombre tristesse régna donc au château de Montclair. Paul employa ce temps à consoler sa mère, sa sœur et Olympe, et à parcourir les diverses communes du canton pour animer les gardes nationales et pour les préparer à faire prochainement leur devoir. Il fut obligé souvent de laisser le duc de Montmaure seul avec mademoiselle de Marsal, et s'il en ressentit une jalousie pénible, elle ne le détourna pas du moins des soins qu'il se donnait dans l'intérêt de sa patrie.

Mais Olympe, sans être convenue avec lui qu'elle s'éloignerait de son cousin, évitait toutes les rencontres avec ce dernier et ne venait jamais à lui qu'en la compagnie de madame Meuron ou de Jullite; elle faisait surtout de sa jeune amie sa garde perpétuelle, ne la quittant plus, allant avec elle à la promenade, à l'hospice, à l'école, et jusque chez le curé, M. Dumart, auquel Olympe était dans l'habitude de faire une visite chaque jour.

Le duc s'impatientait de ces obstacles qui ne lui permettaient pas de s'expliquer librement, et déjà la contrainte sur ce point lui était insupportable. Ne pouvant même plus se contenir, il se décida à tenter une attaque directe puisque le hasard ne le favorisait pas. La matinée fut assez belle; le soleil se montra lumineux et presque chaud; il était onze heures, et déjà les trois femmes du château travaillaient dans le salon, lorsque le duc y parut; il vint à mademoiselle de Marsal et lui demanda la faveur de faire avec elle quelques tours dans le parterre voisin.

« Très volontiers, répondit-elle; aussi bien ne serais-je pas fâchée de montrer à Jullite à quel point nos rosiers seront précoces cette année.

» — Vous ne le ferez pas maintenant, ma chère cousine, répartit le duc, car mon intention est de causer avec vous d'affaires de famille, et je suis obligé de solliciter de nouveau la faveur d'un tête-à-tête qui pour cette fois n'étonnera personne ici ; je suis au désespoir de vous séparer momentanément de mademoiselle Meuron, mais je tâcherai d'être bref, et vous ne tarderez pas à reprendre votre liberté. »

Olympe ne pouvait raisonnablement refuser la prière du jeune émigré, et bien qu'elle en éprouvât une vive inquiétude, car elle prévoyait quel genre de conversation son parent désirait entamer, force lui fut de contenir son émotion, qui cependant éclata par une rougeur subite dont son visage fut couvert. Elle se leva lentement, mit plus lentement encore un châle sur ses épaules, et se couvrit d'un chapeau qu'elle fut longtemps à attacher. Ses gands l'occupèrent encore ; elle ne finissait pas, et son cousin manifestait une impatience extrême de ses retards dont il apercevait le but. Ils prirent fin, et les prétextes manquèrent à la jeune personne, bien qu'elle eût souhaité en trouver de nouveaux. Oh! avec quelle joie aurait-elle accueillie alors une visite de la famille Delmas, du curé ou de quelqu'autre voisin! mais nul ne parut, et elle dut se résigner et prendre le bras qui lui était offert depuis plusieurs minutes avec un empressement non déguisé. Dès que tous les deux eurent descendu la rampe qui de la terrasse supérieure conduisait dans le parterre, et que par conséquent ils furent libres de parler sans qu'on pût les entendre, le duc ne se contenant plus :

« Enfin, ma cousine, dit-il, voici depuis mon arrivée le seul instant où je suis véritablement avec vous. Une armée peu nombreuse sans doute, mais très fidèle à veiller sur vous, ne m'a jamais permis aucune intimité; elle aurait néanmoins pour moi tant de charmes que vous eussiez bien dû me la procurer quelques fois.

» — Je suis si accoutumée, répondit Olympe et presqu'en tremblant, à passer toutes les heures de ma vie avec madame Meuron et sa fille, que leur présence ne me gêne jamais.

» — Oh! quant à moi qui les connais beaucoup moins, je ne pourrais les avoir sans cesse entre vous et moi sans en être contrarié péniblement. Je les respecte, les estime beaucoup ; mais comme elles ne font point partie de ma famille, il est des sujets de conversation que je me refuserais à traiter devant elles, et ceux-là néanmoins ne seraient pas ceux que je voudrais négliger. »

Olympe ne répondit rien ; le duc lui aussi garda un instant le silence. Si mademoiselle de Marsal l'eût regardé alors, elle aurait reconnu sur ses traits tout ce qui agitait son ame. Mais trop craintive et redoutant ce qui suivrait ce début, elle tenait ses yeux attachés sur la terre, et certes ne songeait pas à les porter vers lui. Le duc ne pouvant plus se contraindre, s'arrêta tout-à-coup, et pressant légèrement le bras passé dans le sien :

« Ma cousine, dit-il, avez-vous lu dans toute son étendue la lettre du marquis de Puylaurens ? »

Olympe fit la faute de ne pas répondre ; elle continue de se taire, trop d'oppression pesant sur son cœur. Le duc attendit encore un peu de temps, et puis recommença la question qu'il venait de faire. Un oui mal articulé sortit des lèvres de mademoiselle de Marsal.

« Vous avez dû y voir, reprit

alors le duc, que votre aïeul désire... Ah! ma cousine! ce qui est pour lui une chose de pure convenance et tout selon le monde, sera dorénavant pour moi le point le plus capital de ma vie. Je venais ici en jeune homme soumis chercher avec indifférence la femme que ma famille me destinait, et maintenant que je l'ai vue, je ne cesserai de la chérir et de l'adorer. Oui, vous serez l'objet désormais de mon amour; il se conservera pour vous sincère, constant et soumis. Je n'eûsse ôsé vous le faire connaître si à l'avance il m'eût manqué le consentement de vos parens; mais puisqu'il a devancé ma tendresse; il servira d'excuse à l'impétuosité de mon aveu. »

A mesure que le duc parlait, mademoiselle de Marsal tournait sa tête, cherchant à dérober la peine et les larmes qui soudain remplirent ses yeux. L'émotion, qui déjà donnait un faible tremblement à son corps, augmenta de violence, et malgré le désir extrême qu'elle aurait eu de marcher vite, comme si par cette course elle se fût dérobée à la conversation qui lui pesait tant, la force lui manqua et elle dut s'arrêter en s'appuyant contre un arbre voisin. Le duc, qui l'examinait avec non moins d'attention, s'aperçut de cette défaillance subite : il s'en montra alarmé, et voyant qu'Olympe persistait à garder le silence :

« Oh ! s'écria-t-il, je suis bien malheureux de vous inspirer ainsi tant d'horreur !

» — Vous êtes injuste, répondit Olympe d'une voix tellement faible qu'à peine si elle se faisait entendre, est-ce un tel sentiment que vous devez m'inspirer ?

» — C'est au moins, reprit le duc, plus que de l'indifférence ; la surprise seule ne se manifeste pas ainsi.

» — Je n'étais pas préparée.... je ne savais pas... et Olympe s'arrêta.

» — Pouviez-vous penser, poursuivit le duc non sans montrer de l'humeur, que je vous verrais avec indifférence? que venant ici dans le dessein de solliciter un titre cher et sacré, titre que déjà les vôtres me donnent, je changerais d'avis en vous voyant? était-ce ce triste effet que vous deviez produire? Non, non, ma cousine, votre aspect en amènera toujours un bien différent; il sera impossible de vous approcher sans ressentir aussitôt l'amour tel qu'il doit résulter de la réunion complète de tant de beautés et de tant de vertus. Le mien, quoiqu'il ne fasse que de naître, ne finira plus, tout me l'assure : votre rigueur même ne le détruirait pas ; mais je me flatte que libre de votre personne, vous ne rejetterez pas d'abord mes soins, que vous me permettrez de vous les offrir, et qu'avec le temps peut-être... car ce n'est pas une réponse précise que je réclame maintenant, ce n'est pas une violence que je veux vous faire en tyrannisant votre cœur ; je n'accepte pas les droits que notre famille m'a donnés ; je ne tiendrai rien que de vous, heureux si par mes soins, si par ma tendresse, je me rends digne un jour de vous appartenir !»

Quels que pussent être les dispositions d'Olympe dans ce moment, elle dut reconnaître dans la manière franche et noble avec laquelle le duc lui parlait combien était délicate et élevée l'ame de celui-ci ; peut-être lui aurait-elle voulu plus d'égoïsme afin d'avoir moins de peine à le combattre ; mais il se présentait non en adversaire fort de sa position, mais en vaincu désarmé qui sollicite une grâce. Il était peut-être convenable de lui répondre évasivement, de ne lui donner ni de lui ôter l'espérance : une femme rusée aurait agi ainsi ; mais Olympe, trop simple, trop sincère, ne songea pas à se sauver au moyen d'un pareil détour. Faisant un grand effort sur elle-même, et recommençant à se promener sans quitter le bras du duc :

« Mon cousin, lui dit-elle en tâchant de se faire entendre, à tel point sa faiblesse agissait, vous avez entamé bien promptement un sujet qui ne peut que nous faire à tous les deux une peine extrême; si vous eussiez attendu quelques jours encore, vous auriez évité l'embarras d'un aveu et la douleur d'un refus.

» — D'un refus, Mademoiselle?

» — Oui, Monsieur le duc, d'un refus; non que je le prononce sans regret, mais parce qu'il aidera sans doute à éteindre une flamme trop nouvelle pour avoir déjà tant de vivacité. Je ne puis être à vous, il me serait impossible de faire votre bonheur.

» — Et pourquoi suis-je si peu digne de votre attachement? Il est vrai....

» — Oh! n'ayez pas recours à cette modestie inutile; vous ne possédez que trop les avantages qui inspirent l'amour que vous demandez; les qualités brillantes et solides sont loin de vous manquer, et certainement il m'eût été doux de les apprécier de façon à vous satisfaire; mais déjà, et avant de vous connaître, ma détermination était prise, j'avais disposé de ma personne et de mon cœur.

» — Et vous me le dites! s'écria impétueusement le duc de Montmaure, et ne craignez pas d'avouer qu'entraînée par une séduction coupable....

» — Je me suis mal expliquée, répondit Olympe en l'interrompant, puisque je vous amène à former des soupçons....

» — Ne m'avez-vous pas dit ici et tout-à-l'heure que vous ne vous apparteniez plus?

» — Oui, Monsieur.

» — Et n'était-ce pas alors m'apprendre qu'on a cherché à éblouir votre ame, que la ruse a été employée pour vous décider à un mariage indigne de vous, que l'avidité la mieux calculée s'est parée des dehors de la vertu, que vous êtes la victime des combinaisons exécrables d'une famille?. ..

» — N'allez pas plus loin, mon cousin; j'ai tort d'ailleurs de vous permettre des calomnies que ma reconnaissante amitié souffre trop à entendre. Vous dépassez le but que je vous ai montré, en donnant à mes paroles une extension qu'elles n'ont pas. Je vous ai dit, avec toute franchise, que j'ai disposé de ma personne et de mon cœur. Ceci est vrai, tout ce que vous ajoutez ne l'est pas. Dieu est témoin, et certes ma bouche ne s'adresse à lui qu'avec respect, que depuis ma naissance, et dans la maison que j'habite, nul n'a cherché subjuguer mes sentimens, m'inspirer telle ou telle passion, et employer l'influence que de grands services et une véritable affection auraient rendue souveraine. Non, mes amis avaient trop de vertu; un mot, un acte quelconque ne l'ont point flétri : ils sont dignes de mon amitié, de mon estime, de mon respect.

» — Vous me surprenez, et cependant...

» — Celui que j'aime, si ce que j'éprouve est de l'amour, car à mes yeux il y a dans ce sentiment quelque chose de plus divin; celui-là, dis-je, toujours admirable dans sa conduite, ne m'a jamais mieux traitée que sa sœur; il a conservé à mon égard ces formes délicates et pures qui annoncent tant de générosité. Je crois bien qu'il n'ignore pas l'affection que je lui porte, et cependant aucune parole téméraire ne lui est encore échappée; il ne s'est exprimé que par ses regards. J'ai conservé aussi la même retenue, aussi ni l'un ni l'autre n'avons à rougir, et aucun remords ne se mêle aux douces pensées que nous devons avoir.

» — Plus je vous écoute, dit le

duc avec une mélancolie douloureuse, et moins je vous comprends. Est-il croyable qu'une tendresse aussi contenue ait autant de vivacité ? ne provient-elle pas en vous d'une exaltation magnanime, d'un désir irréfléchi de prouver votre reconnaissance ?...

» — Non, non, répliqua Olympe en secouant la tête, tandis qu'une nouvelle rougeur colorait son visage charmant, ceci est l'affaire de toute ma vie. J'ai aimé Paul dès ma première enfance ; je sais ce que me coûta de chagrin son départ pour l'armée, où il voulut aller servir en qualité de simple soldat, d'inquiétude son absence, de douleur la nouvelle qu'il était blessé, et de joie son retour. Je le vois sans cesse, et chaque jour je l'apprécie davantage; il possède tout ce qui inspire de l'amour et de l'amitié....

» — Ah! par grâce, ma cousine, épargnez-moi son éloge, c'en est bien assez de la peinture de la tendresse que vous lui portez. Mais pensez-vous qu'elle sera couronnée par l'union à laquelle vous tendez? vos parens donneront-ils leur consentement? Ne vous en flattez pas, la révélation de ce qui se passe dans votre cœur et du désir qu'il forme, les plongera dans une douleur profonde, les portera à une colère dont vous ressentirez les effets : ils n'ont ni votre passion ni votre enthousiasme, ni cette reconnaissance qui, quoique vous puissiez dire, a tant d'influence dans tout ceci ; ils ne verront l'affaire qu'en personnes du monde et ne comprendront jamais la nécessité d'une alliance entre la princesse Olympe de Marsal et le sous-officier Paul Meuron.

» — J'espère que s'ils m'aiment véritablement ils se montreront moins injustes, et qu'ayant égard d'ailleurs à la distance qui nous sépare, à la position des choses qui, en France, a tellement rapproché les rangs....

» — Sortez d'une erreur dans laquelle vous perpétue votre ignorance de cequi se passe en ce moment. L'empire de Bonaparte touche à son terme : encore quelques semaines, et l'édifice révolutionnaire n'existera plus. La coalition a maintenant un but avoué, celui de replacer la maison de Bourbon sur le trône de France ; ce grand ouvrage sera terminé incessamment : alors se releveront plus fortes que jamais les barrières que les convenances, et en quelque sorte les lois du royaume plaçaient autrefois entre des naissances inégales ; vos parens de retour prendront sur vous tout pouvoir, et leur opposition formelle et irrévocable détruira le rêve que vous carressez, et qui disparaîtra devant la réalité. »

CHAPITRE VIII.

Le rendez-vous donné.

> Il est des cas où la confiance en un amant dédaigné est la meilleure preuve de l'estime qu'il inspire.
>
> LE NOBLE.

Mademoiselle de Marsal écouta son cousin lui expliquer les probabilités de l'avenir avec une terreur inexprimable. Remplie de confiance dans le génie, dans la force de l'empereur, jamais il n'était entré dans sa pensée que ce colosse pût être brisé aussitôt. Combien plus encore prendrait-elle un vif intérêt à sa chute, si celle-ci devait amener le retour de sa famille et apporter des obstacles à son mariage avec Paul Meuron ! Elle redoutait trop un pareil malheur pour ne pas ouvrir son ame à la crainte ; elle oublia le point principal de la conversation qu'elle avait avec le duc, pour s'attacher à le questionner sur les résultats possibles que pourrait amener la politique européenne. Le duc s'y prêta volontiers ; quoiqu'il ne fit qu'esquisser à grands traits ce qui se passait dans ce moment en-dedans et en-dehors de la France, il montra celle-ci touchant à l'heure d'une régénération complète, la chute de Napoléon certaine et le retour des Bourbons prochain. Il espérait par là effrayer sa cousine sur les suites d'un amour que le succès ne couronnerait pas. Il connaissait peu encore la force de cette ame passionnée et vertueuse tout-à-la-fois. Quand il eut achevé, Olympe reprenant la parole :

« Ce que vous m'apprenez est probable ; oui, le grand homme qui nous gouverne avec tant de gloire touche au moment de son infortune, et ce sera celui du retour de mes parens : ils me trouveront heureuse de les revoir, mais déterminée à n'écouter que les inspirations de mon cœur, je vous le répète quoiqu'avec peine ; mais afin que vous, demeurant bien persuadé que je ne changerai pas, deveniez auprès d'eux mon protecteur ; ce sera un dur sacrifice, et pourtant je le demanderai à votre générosité !

» — Il serait affreux ! et vous, ma belle cousine, bien cruelle si vous persistiez à l'exiger. Aurai-je la force de m'y résoudre? Ah ! ne l'espérez pas ! je porte trop d'envie au bonheur de celui que vous me préférez.

» — C'est un bonheur, puisque

vous l'appelez ainsi, dont il ignore l'étendue. Je vous le répète, Monsieur, jamais entre nous il n'a été parlé des projets d'une vie future; nous nous sommes toujours réfugiés dans le présent, afin de nous dérober sans doute aux séductions de l'espérance d'un plus heureux avenir. Mais, croyez-m'en, retournons au château; il m'est douloureux de vous être opposée : je voudrais que vos désirs pussent être satisfaits par le don de la fortune que mon tuteur m'a si loyalement conservée ; une telle indemnité ne conviendrait pas à votre délicatesse : je n'ai donc que mon amitié à vous offrir.

» — Elle ferait ma consolation si elle pouvait me suffire ; cela ne se peut aujourd'hui. Ah! ma cousine, pourquoi vous ai-je connue! »

Olympe ne répliqua pas, et pressant le pas elle rejoignit madame et mademoiselle Meuron au moment où Paul arriva de son côté. Une profonde inquiétude se peignait dans ses traits; il rapportait de Revel de fâcheuses nouvelles. On exagérait la position de l'armée française dans le midi; on disait déjà Toulouse investie : ce fut ce qu'il dissimula à sa famille, afin de ne pas augmenter son effroi. Le dîner s'acheva silencieusement; nul n'avait envie de parler. Le duc et Olympe étaient trop occupés de leur conversation de la matinée. Quelque chose de particulier agissait sur l'esprit du sous-officier. Madame Meuron et Jullite regrettaient l'absence du chef de la famille : nul n'était tranquille.

Comme on sortait de table, le baron, la baronne Delmas et leur fils arrivèrent ; deux ou trois autres voisins les accompagnaient, tous préoccupés de la marche des événemens, et sachant M. Meuron à Toulouse, venaient apprendre au château ce qu'il pouvait mander. Le duc, à la vue de ce monde qui l'importunait, et dont il ne partageait pas les sentimens, se retira dans sa chambre. Il avait d'ailleurs besoin de solitude pour raffermir son cœur contre le coup que la franchise d'Olympe lui avait porté.

Dès son départ on causa de ce qui intéressait toute la France, de l'approche des ennemis, de la bataille qui, selon toute apparence, serait livrée prochainement sous les murailles de Toulouse. On ne s'attendait pas au repos du général anglais, repos néanmoins qui eut lieu, car il ne se décida à combat-que le 10 avril suivant. Chacun racontait sa nouvelle fausse ou vraie. M. Delmas se montrait toujours dévoué à la cause de sa majesté impériale et royale, dont encore il ne soupçonnait pas la détresse.

Paul demeurait inattentif; ses yeux se portaient vaguement d'un côté et d'un autre. Il répondait parfois au hasard et comme s'il n'avait pas entendu la question qu'on lui adressait. Olympe qui ne le perdait pas de vue, sans avoir l'air cependant de l'examiner trop, s'aperçut facilement qu'il n'était pas dans son assiette ordinaire. Quelque motif particulier le troublait-il en ce moment? Elle s'imagina qu'ayant appris par sa sœur le long entretien que le duc de Montmaure avait eu tantôt avec elle Olympe, il en ressentait de la jalousie et la manifestait par cette contenance inquiète qui ne lui était pas naturelle. Elle forma le projet de le rassurer; d'ailleurs tout ce que lui avait appris son cousin lui inspirait la penséè de hâter le moment d'une union quc l'on pourrait bien empêcher de se conclure, mais que rien ne saurait détruire lorsqu'elle aurait été consacrée par les lois de l'empire et les bénédictions de l'église.

Profitant d'un moment où la compagnie se leva pour recevoir un habitant de Revel qui venait en visite, Olympe passa auprès du sous-officier et lui dit à voix basse :

« Il faut que je vous parle ce soir, et dans *la salle des Rois*. »

Le lieu qu'elle désignait sous ce titre était une pièce immense située dans une partie écartée du château, où l'on n'allait jamais que pour la montrer aux curieux. Les portaits en pied des plus illustres souverains des temps anciens et modernes la décoraient. On avait enlevé pendant la révolution ceux des cinq ou six monarques français qui y prenaient leur place, et on les y reposa lors de l'avénement de Napoléon à l'empire. Olympe aimait souvent à se réfugier dans la salle des Rois, bien sûre qu'on ne viendrait pas l'y chercher tant la route en était peu usitée, et en la circonstance présente elle crut ne pouvoir mieux choisir pour dire à Paul tout ce qui pesait sur son ame.

Le jeune homme surpris d'un tel rendez-vous et de la manière mystérieuse avec laquelle mademoiselle de Marsal le lui avait donné, se livra dès ce moment à d'étranges conjectures. Jamais jusqu'alors leurs conversations n'avaient eu besoin d'être secrètes; l'un et l'autre se parlaient librement en présence de tous les habitans de la maison. Paul se demandait ce qu'Olympe pouvait avoir à lui dire, et certes, quelque pût être l'étendue de son amour, ce ne fut pas sur ce point qu'il se reposa pour trouver la solution d'un tel problême.

Olympe avait oublié de désigner l'heure ; elle se le rappela, et allant sans affectation vers la pendule de la cheminée, elle posa sa main sur neuf heures, moment qui suivait celui du souper et où souvent on rentrait chacun dans sa chambre particulière, car on veillait peu au château de Montclair.

Le duc reparut comme on allait

servir le repas du soir ; sa physionomie était sombre, et il laissait lire sur ses traits le chagrin qui agitait son cœur ; il avait beaucoup à faire pour retenir les regards de colère qu'il aurait malgré lui dirigés sur Paul, s'il se fût abandonné à la violence de sa passion maltraitée, et maintenant le séjour de Montclair lui devenait insupportable. Il pensait qu'il souffrirait moins s'il lui était permis de s'en éloigner.

Le même silence qui avait régné pendant le dîner se prolongea jusqu'à cet autre repas ; chacun encore éprouvait le besoin de se recueillir, et dès que l'on eut cessé de manger on se sépara sans prolonger une conversation qui vingt fois avait été reprise et interrompue.

Ce ne fut pas sans émotion qu'Olympe se dirigea vers la salle des Rois, alors ensevelie dans une obscurité profonde, dissipée très imparfaitement par la clarté de la lampe renfermée dans une petite lanterne que mademoiselle de Marsal portait avec elle. Cette lampe fut posée sur un riche meuble de Boule, et la jeune fille s'appuyant contre un fauteuil voisin demeura pendant quelques minutes ensevelie dans une foule de pensées bien propres à tourmenter son cœur. Elle s'étonnait parfois de la hardiesse de sa démarche, et puis se rassurait au souvenir de l'amour respectueux de celui qu'elle venait chercher. Elle s'attachait encore à pénétrer au travers des voiles de l'avenir, à s'encourager dans sa résolution extrême par le tableau des contrariétés qui la menaçaient si un nouvel ordre de choses s'établissait en France.

« Oui, se disait-elle, mon bonheur exige que je me montre reconnaissante; je suis accoutumée à la vie tranquille de cette contrée, je ne pourrais me faire à celle qui me jetterait dans le tourbillon du grand monde. Il ne me faut pas plus de considération que celle dont je jouis parmi mes voisins. Le prestige d'un rang pompeux n'a point enivré ma tête. Je connais Paul, je l'apprécie, et je sais ce qu'il sera toujours. »

Elle fut interrompue dans son monologue par les pas précipités d'une personne qui s'avançait rapidement. Elle courut à la rencontre du sous-officier : elle se trouva en présence du duc de Montmaure. Tous les deux témoignèrent une égale surprise d'une rencontre aussi imprévue. Le duc prétendit s'être égaré dans les vastes appartemens du château, et

Olympe, préoccupée du malheur qui pouvait résulter du rapprochement des deux rivaux, ne veilla pas assez sur sa force morale, qui l'abandonna tandis que son cousin lui parlait, et cela à tel point qu'un éblouissement subit la priva presque de l'usage de ses sens : elle se laissa tomber sur le fauteuil contre lequel son corps était appuyé, et fermant les yeux elle se mit à fondre en larmes.

Le duc plus encore étonné de cet incident, et néanmoins ne voyant qu'à moitié l'état physique d'Olympe, s'approcha d'elle pour la secourir ou pour la rassurer.

« Oh ! répondit-elle en joignant

les mains et avec un accent chaleureux, oh ! Monsieur ! retirez-vous je vous prie; laissez-moi seule: votre présence me donnera un coup mortel.

» — Est-ce tant de haine que je vous inspire? et suis-je si malheureux que vous ne puissiez plus me voir auprès de vous?

» — N'interprétez pas ainsi mes paroles et mon accablement ; un autre motif. . . Ah! partez ! partez tout de suite! chaque minute ajoute à ma torture cruelle ; ayez, ayez pitié de moi!

» — Comment vous laisserai-je quand vous me paraissez affaissée sous le poids d'un mal subit? souffrez que je vous ramène vers votre chambre ; il y aurait de la folie à vous abandonner maintenant.

» — Il y aura peut-être du sang répandu si vous persistez à demeurer malgré ma volonté.

» — Ah ! ma cousine ! qu'entends-je? est-ce donc un autre que moi que vous attendiez ? et tantôt m'aviez-vous trompé en soutenant que jamais un amour qui fait mon désespoir ne s'était découvert à celui qui en est l'objet fatal?

» — Et je n'ai dit alors que la vérité, et jamais, jusqu'à cette heure, il n'avait été dévoilé; vous me flétrissez d'un soupçon odieux; vous flétrissez encore davantage le plus généreux des hommes. Eh bien! pour sa justification, pour la mienne, faites un appel à votre courage, à votre raison; demeurez ici le témoin caché d'une entrevue qui sera la première; et si par cas elle blesse péniblement votre cœur, du moins le fera-t-elle rougir des reproches qu'il m'adresse.

» — Que me demandez-vous? s'écria le duc en se reculant de sa cousine.

» — Ce que je suis en droit d'exiger maintenant, ce qu'il ne vous appartient plus de me refuser. Oui, Monsieur, je veux que vous assistiez à tout ce que vais dire ; il le faut pour vous, pour moi, pour ma famille et pour celle de mes amis, que l'on a calomniée si cruellement. Vous connaîtrez enfin qui nous sommes, et vous apprécierez ce que l'on doit attendre de mon avenir ! »

Le duc, confondu par cette détermination extraordinaire, par cette volonté ferme et inattendue, ne sut quelle résistance opposer. Olympe lui apprit rapidement que pour la première fois elle avait souhaité parler à Paul hors de la présence des personnes de sa famille; qu'il allait venir, ne sachant encore ce qu'elle voulait; que le témoin de cette entrevue devait prendre sur lui assez d'empire pour ne pas la troubler, pour tout entendre sans manifester sa douleur ou sa colère, et que ceci devenait une circonstance où une ame magnanime était appelée à montrer toute sa grandeur. Olympe termina sans laisser au duc le loisir de lui répondre, pour le conduire derrière les amples rideaux de velours rouge d'une des croisées de cette salle immense, et quand elle l'eut ainsi placé, elle se rapprocha de la porte, où elle n'attendit pas longtemps, car le sous-officier arriva presqu'aussitôt.

FIN DU PREMIER VOLUME.

IMPR. DE BELLEMAIN, RUE SAINT-DENIS, N. 268.

www.ingramcontent.com/pod-product-compliance
Lightning Source LLC
LaVergne TN
LVHW010558110826
845149LV00003B/692

9782012152205